佐賀の歴史・近現代史編

—— Sagan History Ⅲ ——

佐賀低平地研究会地方創生部会編

久留米大学名誉教授　大矢野栄次
長崎県立大学　教授　矢野　生子
共著

五絃舎

はじめに

本書の題名は，『佐賀の歴史－近・現代史編』である。副題の”Sagan History”とは，「佐賀の」という意味を佐賀の方言で「佐賀ン」と言うことからの命名である。九州高速道路の結節点である鳥栖のジャンクションの「四葉のクローバー」から佐賀方向へのカーブの「サガン・クロス」にあやかったものでもある[1]。

本書は，かつて，佐賀大学経済学部に奉職し，久留米大学経済学部に移った後も佐賀大学低平地研究会地方創生部会（旧経済専門部会）において地方創生部会長として仕事をしてきた関係から，「佐賀の地方創生の基本となる佐賀の文化と歴史，経済政策」などについて長年書き溜めて冊子として発表して来たものを現在の地方創生部会長である長崎県立大学の矢野生子教授（佐賀大学経済学部卒）が再編集して，監修して出版するものである。

第三部となる本書は，佐賀の近・現代史編である。江戸時代から明治・大正・昭和の時代にこの肥前佐賀において展開されたさまざまな人々の物語をその遺産として「佐賀の歴史」についての説明である。

最初に，唐津市内の近松寺と近松門左衛門との関係から近松門左衛門の『国姓爺合戦』の第三幕の舞台「獅子ケ城楼門前」が厳木（きゅうらぎ）町の峯五郎披が構築した「獅子ケ城」であることを説明し，上松浦党と下松浦党の歴史を紐解く。

次に，佐賀藩が長崎警備の担当であった時に生じた「フェートン号事

1　Jリーグの「サガン鳥栖」は，砂が集まって岩のように団結するという意味で「砂岩」んと名付けられたそうである。

件」とその後の佐賀藩主鍋島直正公の藩政改革から始まった佐賀藩の「西欧の技術導入」とその成果としての佐賀の技術革命の歴史について概観している。

高島秋帆とその弟子であった武雄鍋島の藩士平山醇左衛門のカノン砲の鋳造とそれにまつわる悲劇を説明する。やがて佐賀藩はペリー来航に備えて江戸湾の御台場を建設してカノンを配置するのである。

イギリス人のトーマス・グレーク・グラバーから購入したアームストロング砲を魔改造した佐賀藩のバネット型アームストロング砲建造の物語は秀島藤之助の貢献によって，やがて戊辰戦争での上野の彰義隊との戦いで貢献するのである。

この佐賀藩とグラバーとの深い関係が明治維新以後も続く物語となって紹介される。

明治維新政府での佐賀藩士の活躍として島義勇の北海道開拓の歴史や江藤新部の司法卿としての活躍が明治維新の日本に齎した貢献とともに，やがて明治政府の矛盾と「征韓論」との関係で反明治政府側の立場にされた「佐賀の乱」が生じてしまうのである。

この征韓論の延長線上で，李氏朝鮮の近代化と清国からの独立を支持する日本と属国としての李氏朝鮮を支配下におさめ続けたいという清国との間に，韓半島の「事大主義」という矛盾の中で日清戦争が生じ，日本の大陸とのかかわりが強くなり，やがて日露戦争と続くことになるのである。

日露戦争で勝利した日本はロシアから賠償金を得ることもできずに，対英・対米の対外債務返済の中で喘ぐ日本経済は世界恐慌によって発生した昭和恐慌の中に晒されるのである。

対外債務返済とそのために貿易収支を黒字化したい日本政府は国内の経済貧窮化の中で，昭和維新という政治的混乱の中に陥り，血盟団事件・五・一五事件，そして，二・二六事件が生じるという「混乱の時代」に突入するのである。

これらの反乱軍の中心には，常に佐賀の青年将校たちがいることが注目される。彼らの考え方の基礎としての「葉隠」や「枝吉神党」以上に，佐賀の農業の豊かさと東北の農家の貧しさとの格差こそが維新後の動乱期に悩む青年将校としての佐賀の若者達の素朴な正義感と歴史観の問題であったのである。

江戸時代初期の成富兵庫を代表とする豊かな佐賀平野の利水計画に育まれた佐賀の農村とその成果としての「第一佐賀段階」・「第二佐賀段階」と呼ばれるように，佐賀の農業は日本経済の大事な時代，戦争中の食料不足の時代と戦後の経済復興の時代に十分な役割を果たしてきたのである。

青年将校たちの日本の国と日本の人々への思いが，この佐賀平野にあるのである。

2024年9月30日

久留米大学名誉教授　大矢野栄次
長崎県立大学　教授　矢野　生子

目　次

第1章　近松門左衛門と獅子ケ城(ししかじょう)

江戸時代前期から中期にかけての人形浄瑠璃および歌舞伎の作者である[2]近松門左衛門（承応2年（1653）～享保9年（1725））は，越前国（福井県）の武士杉森信義の次男として生まれ，母は医師の家系で松平忠昌の侍医であった岡本為竹法眼の娘喜里である。

近松門左衛門の出生地については，肥前国唐津，山城国，長門国萩など諸説あるが，今日，越前と考えられている。

『嬉遊笑覧』[3]には，「…越前人，少き時肥前唐津近松寺に遊学し，後京師に住す」とあり，また，『戯財録』[4]には，「肥前唐津近松禅寺小僧古澗，碩学に依て住僧と成，義門と改む…肉縁の弟，岡本一抱子と云大儒の医師京都にあれば，是に寄宿して堂上方へも還俗して勤仕の間…」とある。

近松門左衛門と肥前国唐津の近松寺との縁が深いことがわかる。

第1節　『国姓爺合戦』と獅子ケ城(ししかじょう)

或る時，日本の近世文学を研究している大学教授から，次のような質問を受けた。近松門左衛門の「国姓爺合戦」第3幕に出て来る「獅子ケ城を中国の地図上で探しているけど何処にあるか知っていますか?」という質問であった。当時，私が中国社会科学院と共同研究を行っていたことから

2　本名は杉森信盛(すぎもりのぶもり)。家紋は「丸に一文字」。
3　喜多村信節が江戸時代後期の風俗習慣，歌舞音曲などについて書いた随筆である。
4　歌舞伎随筆。入我亭我入著。1801年（享和1）成立とある。

の質問であった。

私は，即座に，「獅子ケ城は佐賀県の厳木町にありますよ」と答えた。近松門左衛門の唐津市の近松寺との関係から彼は厳木の獅子ケ城を知っているはずだという直感からの「適当な」回答であった。

獅子ケ城（ししがじょう），または鹿家城・獅子城は，松浦党の源五郎披が治承年間（1177~1181）に築城したと伝えられる佐賀県唐津市厳木町岩屋浪瀬にある山城である。佐賀県指定史跡である[5]。

獅子ケ城は唐津市厳木町白山の山頂，標高228メートルに位置し，城の周囲は急な崖となっている。有明海と玄界灘の分水界に近く防衛の拠点となった。息子の源持が平戸に移ったため廃された。

天文年間（1532~1555）頃に松浦党の鶴田前が城主となり復興している。大友氏や龍造寺氏，後藤氏などの勢力との境界に位置し，天文13年（1544）には龍造寺氏の攻撃を受けた。翌14年（1545）には5日間占領されたものの奪回している。

《その後の獅子ケ城》

永禄年間（1558~1570）に，波多氏が数回にわたって来攻したが撃退している。

天正5年（1577）に波多親が上松浦党の首領となると，城主の鶴田賢はこれに服属した。やがて波多氏が太閤秀吉に追放されると鶴田氏は文禄2年（1593）に後藤氏の家臣となり，城は廃された。その後は寺沢広高が改修して石垣のある城となったが，元和元年（1615）頃，再び廃城となった。

5　平成3年（1991）3月30日に佐賀県の史跡に指定された。

《国姓爺合戦と鄭成功》

『国姓爺合戦（こくせんやかっせん）』とは，近松門左衛門作の人形浄瑠璃であり，後に歌舞伎化された。

正徳5年（1715），大坂の竹本座で初演。江戸時代初期，中国人の父鄭芝龍と母は日本人松である。台湾を拠点に明朝の清朝からの復興運動を行った鄭成功（ていせいこう）（国姓爺）を題材にした脚色である。

第2節　鄭成功

明の海商（海賊）は，中国から書籍，絵画，陶磁器を日本に売り，日本からは金，銀，銅を得た。日本への輸出品としては，他に，沙羅（さら；うすぎぬ），紬，絹，布匹（木綿地の織物），白砂糖，果物，香木の扇子や櫛，縫い針や紙などがある。

明は海禁政策を採っていたので当時の貿易商は皆海寮（かいりょう）（海賊）であった。

清は鄭芝龍を見方にして「毒には毒をもって制する」政策を採って官位を授け都督にした。鄭芝龍は他の海寮を次々に倒し，海の権力を牛耳ったのである。

鄭成功（1624~1662）は，鄭芝龍と日本人マツとの間に[6]，倭寇と明の海賊の溜まり場であった肥前国松浦郡平戸島の明河内の南東の丸山で生まれた[7]。

元の諱は森。字は明儼。日本名は田川福松。清に攻められて明を擁護し抵抗運動を続け，台湾に渡り鄭氏政権の祖となった。

6　鄭成功の父鄭芝竜は早年，叔父と一緒に品物を輸出入するために平戸に来て，田川七左衛門娘の田川松と知り合い結婚した。

7　鄭成功の母松は平戸明河内の海岸沿いで潮干狩りの途中に産気付いて石にもたれて鄭成功を産み落とした。鄭成功児誕石としての石碑がある。

隆武帝から明の国姓である「朱」を称することを許されたため，国姓爺（こくせんや）（国性爺とも）とも呼ばれる。台湾・中国では清と対抗しオランダ軍（東インド会社）を討ち払った民族的英雄として描かれている[8]。

1630年，鄭芝竜は7才になった鄭成功を日本から故郷福建に連れて帰り，先生を招聘し勉強させた。崇禎11年（1638），15歳で最高学府の南京大学に進む，南安県学員生に選ばれ，18才で結婚，21才に南京大学で銭謙益を師として励んだ。弟は，福住（長崎出島）姓である。

鄭成功は，明の復興を夢見て，明の皇帝を助けて戦い，21歳のとき明の皇帝から明皇帝の姓である「朱」を受けて忠孝伯を封じられ，「国姓爺」と呼ばれるようになる。

《ゼーランディア城》

ゼーランディア城（熱蘭遮城，オランダ語で「海の州」という意味であるだろうと司馬遼太郎氏は説明している）はオランダによって海浜に築かれた海城である。台湾では熱蘭遮城と呼ばずに「安平古堡」と呼んでいる。

海岸線上のゼーランディア城（熱蘭遮城）と台南市内の「赤嵌楼（せっかんろう）」とは，陸からの水の補給を地下水道で結んだセットの城である。

1662年，鄭成功はゼーランディア城を迂回して難攻不落の安平（台南）を遠浅の鹿耳門から満潮時に湾内に入港し湾内の「赤嵌楼」を落とした。ゼーランディア城の水の補給を止めてゼーランディア城を攻略し安平（台南）を占領した。オランダ殖民総督は清康熙元年（1662）旧暦2月1日に投降し，38年間の台湾占領時代が終止符を打った。

「赤嵌楼」は鄭成功がオランダ勢力を駆逐した後，承天府と改め行政府として利用した。この「赤嵌楼」にはオランダ人の降伏の場面を説明する

8　今日でも台湾においても，中国においても，台湾の歴史的意義をそれぞれの思惑の中に秘めながらも，鄭成功は中国人の共通の英雄として考えられている。

銅像群が立てられている[9]。

鄭成功はオランダ人による殖民制度を廃止し，赤崁楼を承天府と改称し，万年県と天興県を設置して，台湾の総称を東都にした。

同時に，屯田制（兵士などを平時は農業に非常時には戦争に従事させること）の施行，土地の私用化開始，官吏将兵の不動産占拠など，平埔族を山麓地帯に追いやった。

《フォルモサ》

台湾はオランダ語でフォルモサ（ポルトガル語で「美麗島」という意味）と呼ばれていた。美しい森に覆われた高砂族たちの住む「無主の地」であった。

北部の鶏籠（基隆；キールン）や淡水はスペイン人が占拠しており，嘉義県の布袋あたりは福建省の海賊である顔思斉や鄭芝龍（鄭成功の父）が占拠していた。

9　ゼーランディア城を安平鎮と改称した。

第2章　上松浦党と下松浦党

第1節　松浦党の原型

松浦党は，平安時代から戦国時代に肥前松浦地方で組織された松浦氏の武士団の連合である。一族は48に分かれており，松浦四十八党とも呼ばれた。水軍として有名である。

江戸時代，平戸松浦氏によって編纂された『松浦家世伝』によると，嵯峨源氏の流れをくむ松浦氏を惣領とし，渡辺綱にはじまる渡辺氏を棟梁とする摂津の水軍として瀬戸内を統括した渡辺党の分派とされている。

祖の松浦久（渡辺久，源久）は，渡辺綱（源綱）の子の奈古屋授（渡辺授，源授）の孫とされ，延久元年（1069）松浦郡宇野御厨の荘官（検校）となり，松浦郡に所領を持ち松浦の苗字を名乗った。

ところが，松浦久が肥前に下向（延久元年）するより前に，嵯峨源氏の系統と思われる一字の諱を名乗る者が，この地方に存在していたことを示す史料がある。

嵯峨天皇の皇子源定の孫肥前守源浮がおり，藤原実資の日記『小右記』の長和5年（1016）の条の記述から，源聞という人物が肥前守に任じられ，実資の所に御礼言上のため訪れていたことがわかる。彼らは遥任国司であったと思われる。その子孫がこの松浦に定着したとも考えることができる。

寛仁元年（1019）の刀伊の入寇の防戦に当たった指揮者に，前肥前介（さきのひぜんのすけ）源知という人物があり，刀伊の賊徒を射殺し，一人を生け捕りにした事も『小右記』に書かれている。

このように延久元年以前においても，松浦一族の先祖と思われる者が，国司や在庁官人として活動していたとされる。

一族は，それぞれの拠点地の地名を苗字とし，一族の結合体を松浦党という。

松浦党一族は，この松浦の地域が多島海沿岸であったことと，朝鮮半島，中国大陸に近接していたことから，船を利用して海外貿易，特に日宋貿易に従事する機会も多かったと思われる。

藤原定家は『明月記』で「鎮西の凶党ら 松浦党と号す」と書き記しているところから，中央の貴族からは水軍あるいは海賊として見られていたと考えられる。自らは「松浦党」と称することはなかった。

松浦党には，嵯峨源氏渡辺氏流とされる松浦氏系のものが大半だが，一部に奥州安倍氏の生き残りで，源義家に敗れ宗像の筑前大島に流された安倍宗任の子孫の安倍宗任系のものがある。

松浦党の本流とされる摂津の渡辺氏は，摂津源氏の源頼政一族の配下にあったが，肥前の松浦党は平家の家人であり，源平合戦においては当初，平家方の水軍であった。しかし，壇ノ浦の戦いでは源家方につき，源家方の勝利に大きく貢献したことから，その功により，鎌倉幕府の西国御家人となり，また九州北部の地頭職に任じられる。

しかし，松浦党は源頼朝が送り込んだ少弐氏・島津氏・大友氏などの「下り衆」の下に秋月氏や蒲池氏，菊池氏などと同じく置かれる。

松浦党は，上松浦党と下松浦党とに大別された。上松浦党は，松浦久以来の松浦地方の岸岳城を中心とした勢力であり，その最大勢力である波多氏は，戦国時代をへて滅亡した。

特に13世紀の元寇の時には佐志氏や山代氏をはじめ活躍したことで知

られ，肥前国松浦郡で蒙古軍と戦った佐志房と三人の息子の直・留・勇は揃って戦死し，松浦党数百人が討たれ，あるいは生け捕りにされ，松浦は壱岐や対馬同様に蒙古軍に蹂躙された。

下松浦党の傍系である平戸松浦氏は，戦国大名として成長し，関ヶ原の戦い以降，旧領を安堵されて平戸藩６万３千石の外様大名として存続した。

第2節　峯五郎披と獅子ケ城跡

獅子ケ城は治承～文治年間（1177～1190）に峯五郎源披によって築城されたが，披の子源持の時に平戸に移ったため以後長い間廃城になった。

持が獅子ケ城を去ってから，上松浦地方は波多氏の支配下となる。その後佐賀地方に勢力を持つ龍造寺氏の脅威が増すにつれ，上松浦地方の防備の最前線として獅子ケ城の重要性が再認識され，波多氏をはじめとする松浦党の一統は鶴田越前守前に獅子ケ城を再興させた。

鶴田前の子鶴田上総介賢のとき，文禄の役（1592 ～）で波多氏が改易となる前後に，多久氏につかえて東多久に移り住んだため，獅子ケ城は再び廃城となった。

波多氏改易後の上松浦一円を所領した唐津藩初代の寺沢氏は，当初家臣を獅子ケ城においたが，その際に獅子ケ城を現在見られる石造りの城に改造し，瓦葺きの建物，櫓，門等を建てたと考えられている。

《平戸城》

平戸城は，平戸藩松浦氏の居城であった。別名は亀岡城，日之嶽城（ひのえだけじょう）。

三方を海に囲まれ天然の堀としている。丘陵の頭頂部に本丸が築かれ，その南側に二の丸，東側に三の丸が配された梯郭式の平山城である。

安土桃山時代末期に松浦鎮信（法印）によって築かれたが破却され，江戸時代中期になって再建された。

再建にあたっては山鹿素行の軍学に沿って縄張りがなされたという。平山城では唯一の山鹿流による城郭である。

下松浦党（峯氏）の棟梁松浦鎮信（法印）は，豊臣秀吉の九州平定に加わり，壱岐守護を称する波多氏に代わり松浦郡と壱岐一国の所領を安堵された。松浦党で最大の大名となり，以降は松浦姓を名乗った。

文禄・慶長の役の後，慶長4年（1599）に現在の城がある日之嶽に築城を開始した。

慶長5年（1600）の関ヶ原の戦いの頃，徳川家康からの嫌疑を晴らすため，城の一部を破却したと伝わる。

完成も間近の慶長18年（1613），火災により大半を焼失した。自ら破却したとも言われている。豊臣氏と親交が厚かったことによる江戸幕府の嫌疑から逃れるためとも，最愛の嗣子久信の死によるものともいわれている。

火災後，城は再建せず，平戸港を挟んだ北側に「中の館」と呼ばれる居館を構え，平戸藩の藩庁とした。現在は松浦史料博物館となっている。

肥前と壱岐にまたがる二国支配の平戸藩は「城」を持たない，陣屋大名であった。

第3節　松浦党本家の城の変遷（図2.1参照）

松浦氏の本家筋は，初代源久，二代源直，三代源清と伊万里市の東山代にある山ン寺城跡に祀れている。

山ン寺城は，14世紀末に成立した史跡である。松浦党の初代源久，二

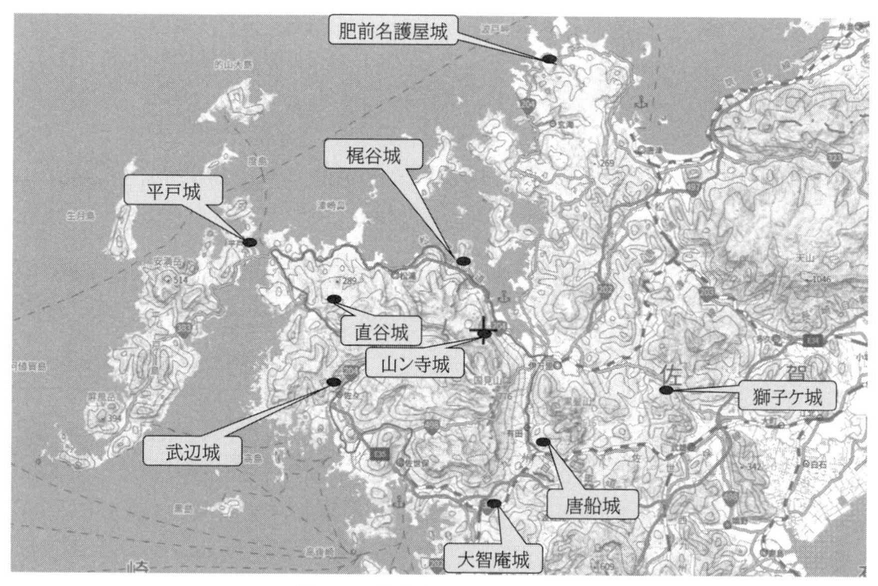

図2.1　松浦党本家の城の変遷

（出所：国土地理院vectorより著者作成）

代源直，三代源清を祀る平安時代の館跡と言われている[10]。

遺跡の土地は15世紀末まで松浦本宗家（今福家）の所領であり，造営に本宗家が関与した可能性はあるが，寺院跡地の広さから本宗家だけの財力で造営したかは疑問を呈されている。

宗教的施設として考えられる機能は，松浦党一族間の精神的統一の場であり，松浦三代の宗廟としての象徴化であったと考えられている[11]。

10　伊万里市の調査の結果，平安時代や鎌倉時代のものが一切出土しないことから館の成立は室町時代（14世紀末）と考えられている。「松浦家世伝」等の史料から城館跡とされているが，防御機能としての竪堀，切岸等の城館にあるはずの防御機能が認められず，遺跡の立地範囲が周辺より低く，発掘調査を行った伊万里市教育委員会は信仰対象としての山岳寺院跡ではないかとの見方を示している。

11　出土された陶磁器から14世紀末には遺跡の存在が認められるが，同時期に松浦党諸家が一族一揆していた時期と重複しており，松浦諸家も関与したことは十分に考えられる。

松浦氏本家筋の城は，「梶谷城」から始まると考えるのが今日の当然の説明かもしれない。

《梶谷城》

松浦市今福から北東方向にある城山（標高197メートル）の山頂部に築かれた山城である。本丸跡からは玄界灘から伊万里湾まで一望できる。城跡は「松浦党梶谷城跡」として長崎県史跡に指定されている。

松浦氏の祖源久が築城者とされている。「松浦家世伝」によれば，1069年（延久元年）に久が京都より松浦郡に下向してきた際に築城されたと伝えられる[12]。

《直谷城》

平安時代の末期より徳川の初期に至るまで460余年の間，存在し続けた古城である。

この城は堅固な構えにもかかわらず，3度にわたる落城の歴史がある。もともとはこの地方を治めていた志佐氏の居城であったが，明応4年（1495）に佐賀の龍造寺と大村氏との連合軍による攻撃で志佐氏は一度消滅した。

その後，平戸松浦氏から城主が入り代わって志佐氏を名乗った。しかし，志佐氏の跡継ぎを巡って志佐純量（すみはる）と純意（すみもと）との間で争いがおき，この争いに平戸松浦氏と島原有馬氏が割り込んで，平戸松浦の支援を受けた純意が城主となり純量は母親の実家である有馬氏の下に身を寄せた[13]。

12　このほか，1095年（嘉保2年）あるいは1145年（久安元年）等築城年代には異説があるが，少なくとも平安時代末期に築城されてその後長期間にわたり使用されたものと考えられている。

13　純量はまだ11歳だった。

数年後，成長した純量は直谷城の奪還をもくろみ有馬氏から300人の兵を借りて夜襲をかけ，城を占領する。しかし，純意を慕う家臣や平戸松浦氏から攻められ直谷城を捨てて退散した。

志佐純量は，島原に逃げ帰る途中に笥瀬祝田原で世知原修理と都蔵寺(とぞうじ)式部の軍勢に攻撃されこの戦で戦死したといわれている。

一方，志佐純意は平戸松浦の家臣として秀吉の令による朝鮮出兵の最中に病死し，嫡男の純高(すみたか)も朝鮮で戦死して，志佐氏は断絶した。

その後，直谷城は城主不在のまま，元和元年（1615），一国一城令によって廃城となった。

《大智庵城》

松浦氏嫡流相神浦松浦氏松浦定(さだむ)は，父松浦盛の家督を継いだ。延徳2年（1490），瀬戸越に教法寺を建立し，新たに大智庵城を築いて，武辺城[14]より居城を移す。

同3年（1491），有馬貴純の誘いを受け，貴純や大村純伊，佐志氏らと共に，平戸松浦氏を継いだ松浦弘定の拠る箕坪城を攻撃した（箕坪合戦）。同4年/明応元年（1492），死去。

箕坪合戦で敗れた弘定は平戸から逃れ大内義興へ支援を求めた。義興の仲介で弘定は旧領を回復することができたが，相神浦松浦氏に対して深い恨みを抱き，後年，弘定は定の嫡男・政を滅ぼしている。

明応7年（1498）丹後守定の子政の時，平戸松浦弘定によって攻められ落城，政は自刃して果て，その子幸松丸は平戸へ連れ去られ，惣領相神浦松浦氏は没落した。

その後，旧臣によって幸松丸は奪還され，有田唐船城で育った後丹後守

14　長禄年間（1457～1460）頃に惣領相神浦松浦氏は武辺城に居城を移した。

親(ちかし)と名乗り飯盛城を築いている。

《唐船城》

唐船城は有田町山谷牧甲にある。西有田町の時代に重要文化財に指定されている。

松浦党の始祖源久の孫三郎栄が建保5年（1217）に築いたと言われている。栄の4代後に嫡男がなく，今福の松浦宗家が唐船城主を兼ねるようになった。

天正5年（1577），肥前の平定を目指す龍造寺氏に攻められ，和睦して家臣となり，龍造寺氏が唐船城主となった。その後，龍造寺・鍋島両氏の政権交代により，松浦信明・有田茂成が居城したが，天正18年（1590）に廃城となった。

第4節　肥前名護屋城についての考察

肥前名護屋城は，佐賀県唐津市（旧東松浦郡鎮西町・呼子町），東松浦郡玄海町（肥前国松浦郡名護屋）にある。太閤豊臣秀吉が文禄の役を始める前に築かせた城として有名である。現在，国の特別史跡に指定されている。

ルイス・フロイスが「あらゆる人手を欠いた荒れ地」と評したこの名護屋には，全国より大名衆が集結し，「野も山も空いたところがない」と水戸の平塚滝俊が書状に記している。

復元を前提として調査した結果，完成後も度々改築を繰り返したと結論され，本丸西側は築城後に石垣部分を壊すことなくそのまま埋め立てて増築されたと考えられている。また，旧石垣も発掘展示されている。

「三の丸櫓台北側では築城後に改造を受けて門が設置され，その後また撤去された事が発掘調査で判明している」とされている。

本丸大手，大手口，東出丸周辺も構造や櫓，城門に大きな相違が見られ，残された「肥前名護屋城図屛風」の二枚とも，現状と異なる部分が確認されている。

しかし，この復元を前提とした調査結果についての混乱の原因は，別の処にあると著者は考える。

それは，肥前名護屋城の前にここに松浦党の時代の城があったと考えるべきなのである。

【超入門！ お城セミナー】城を造るにはどれくらい費用や期間がかかるの？（shirobito.jp）によると，織田信長が築いた安土城（滋賀県）の築城では，普請を開始した天正４年（1576）から約１年で普請の大部分が完了。同年から天主の作事がはじまり，天正７年（1579）に信長が安土城天主に移り住んだという記録があり，天主の建築には約２年かかったことになる。

名古屋城（愛知県）の築城期間は普請に約１年，天守造営で約２年の約３年が一般的であると考えられている。

これから考えると，この肥前名護屋城は，秀吉が築城を命じてからわずか８カ月で主要部が完成するという速さであったことが知られている。

すなわち，名護屋城は「完成後に度々改築を繰り返した」のではなく，既存の城跡にこの肥前名護屋城を築いたと考えるべきなのである。その既存の城を建設したのが初期の松浦党であるという可能性を考察するべきなのである。

付　論　佐賀藩と加賀藩

《佐賀と北陸の同地名》

加賀の南の福井県には芦原温泉がある。これは佐賀の芦原からの移民といわれている。また，加賀の山代温泉は伊万里の山代の人達が移り住んだ

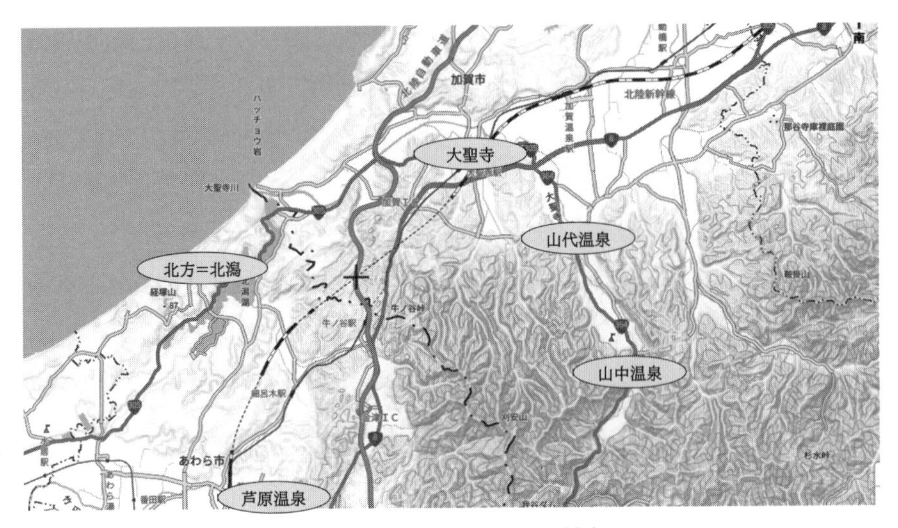

図 2.2　加賀藩と佐賀との同地名

（出所：国土地理院 vector より著者作成）

地である。

そして，山城温泉の伊万里酒造と伊万里山中との関係や佐賀の北方と福井の北潟との関係などなぜか同一地名が並んでいるのである（図 2.2 参照）。

《佐賀藩と加賀藩》[15]

加賀百万石の大名前田犬千代は，佐賀県北方生まれである[16]。兄[17]に虎千代がおり，北方前田家の党首であった。虎千代は龍造寺（後鍋島家）の家来として北方城主であり，弟の犬千代は尾張織田信長の家来となった[18]。前田家は，戦国時代に美濃から肥前に移り，北片町の城を竜造寺家から預かっ

15　この付論は，『佐賀の歴史・中世史編』第 9 章「九谷焼と青磁」での説明の背景である。

16　加賀百万石前田家は前田利家（犬千代）が初代である。

17　あるいは，従兄弟という説もある。

18　『北方町史』，編纂委員会編，北方町役場，昭和四七年刊における説明である。

ていた。

前田利家（犬千代）は，美濃に戻り織田信長の家臣となって出世し，豊臣秀吉・徳川家康の時代を生き抜き，加賀百万石の大名となる。

前田虎千代は，竜造寺の家来から，鍋島の時代には鍋島の家来に移り，豊臣秀吉の文禄・慶長の役の折に肥前名護屋城において主君鍋島の外征中に他の大名（前田利家）と密会したことを攻められ虎千代は切腹，前田家は取り潰され，前田家本家は伊万里大庄屋となった[19]。

元北方城主の大庄屋前田家は，加賀百万石前田家の本家筋である。加賀の大聖寺藩と武雄の大聖寺とはその時よりの縁である。

《加賀の殿様は肥前守と佐賀の殿様は加賀守》

17世紀前半頃，肥前佐留志の豪族であった前田家は大庄屋に命ぜられた。

有田は大庄屋前田家の領地であったことから，九谷焼の技術が大聖寺支藩に移った。佐賀には，杉岳山大聖寺というお寺が残っている。

鍋島は「加賀守」であり，前田家は「肥前守」であることが両藩の歴史的関係を説明している。

この関係からも佐賀の地名が加賀に反映されたという説明が可能なのである（図2.3参照）。

19　前田家は江戸時代の大庄屋で，鍋島の殿様が立寄る本陣のような由緒正しい屋敷であり，佐賀県指定の「佐賀県遺産」である。

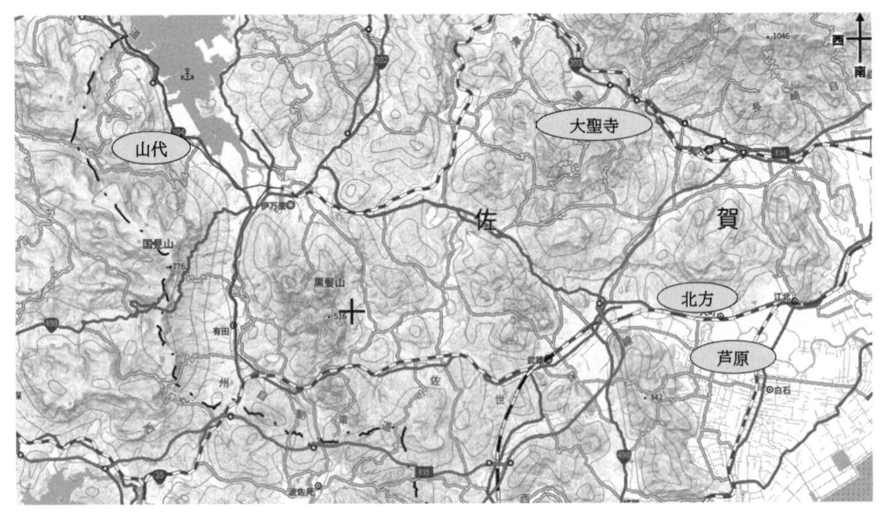

図 2.3　佐賀県内と加賀藩の同地名

（出所：国土地理院 vector より著者作成）

第3章　長崎警備とアームストロング砲

第1節　フェートン号事件と長崎警備

フェートン号事件とは，文化5年（1808）8月，長崎港で起きたイギリス軍艦侵入事件[20]である。

18世紀末に勃発した，フランス革命戦争の後，1793年にオランダはフランスに占領され，ウィレム5世はイギリスに亡命した。オランダでは地元の革命派によるバタヴィア共和国が成立し，オランダ東インド会社は1798年に解散した。

皇帝ナポレオンは1806年に弟ルイ・ボナパルトをオランダ国王に任命し，フランス人によるオランダ王国が成立した。世界各地のオランダ植民地はフランス帝国の影響下に置かれることになった。

イギリスは，亡命して来たウィレム5世の依頼によりオランダの海外植民地の自国による接収を始めていたが，長崎出島のオランダ商館を管轄するオランダ東インド会社があったバタヴィア（ジャカルタ）は旧オランダ支配下の植民地であった。バタヴィアの貿易商は中立国のアメリカ籍の船を雇用して長崎と貿易を続けていた。

イギリスは1811年にインドからジャワ島に遠征軍を派遣して，バタヴィアを攻略し，東インド全島を支配下に置いた。

20　当時，日本とイギリスとの間には国交は無かった。

イギリス占領下のバタヴィアから長崎のオランダ商館には連絡もなく，商館長ドゥーフらはナポレオン帝国没落後まで長崎出島に放置された。ドゥーフたちは本国の支援もないまま，7年もの年月を日本で過ごしたのである。

ヨーロッパにおけるナポレオン戦争の余波が極東の日本にまで及んだのである。

《フェートン号長崎港への入港》

文化5年（1808）8月15日，ベンガル総督ミントーの政策によりオランダ船拿捕を目的とするイギリス海軍のフリゲート艦フェートン号（フリートウッド・ペリュー艦長）は，オランダ国旗を掲げて国籍を偽り，長崎へ入港した。

これをオランダ船と誤認した出島のオランダ商館では商館員ホウゼンルマンとシキンムルの2名を小舟で派遣し，船に乗り込もうとしたところ，商館員2名が拉致され船に連行された。同時に船はオランダ国旗を降ろしてイギリス国旗を掲げ，オランダ船を求めて武装ボートで長崎港内の捜索を行った。

長崎奉行所ではフェートン号に対し，オランダ商館員を解放するよう書状で要求したが，フェートン号側からは水と食料を要求する返書があっただけであった。

オランダ商館長（カピタン）ヘンドリック・ドゥーフは長崎奉行所内に避難し，商館員の生還を願い戦闘回避を勧めた。

長崎奉行の松平康英は，商館員の生還を約束する一方で，湾内警備を担当する佐賀鍋島藩・福岡黒田藩の両藩にイギリス側の襲撃に備えること，フェートン号を抑留，又は焼き討ちする準備を命じた。

この年の長崎警衛当番であった鍋島藩は，経費削減のため守備兵を減らしており，長崎には本来の駐在兵力の10分の1である100名程度しか在番していなかったことが判明した。

そのため松平康英は急遽，薩摩藩，熊本藩，久留米藩，大村藩など九州諸藩に応援の出兵を求めた。

翌16日，ペリュー艦長は人質の1人ホウゼンルマン商館員を釈放して薪や水，食料（米・野菜・肉）の提供を要求し，供給がない場合は港内の和船を焼き払うと脅迫した。

人質を取られ，十分な兵力もない状況下に松平康英は止む無く要求を受け入れることとした。水は少量しか提供せず，明日以降に十分な量を提供すると偽って応援兵力が到着するまでの時間稼ぎを図った。

長崎奉行所では食料や飲料水を準備して舟に積み込み，オランダ商館から提供された豚と牛とともにフェートン号に送った。ペリュー艦長はシキンムル商館員を釈放し，出航の準備を始めた。

17日未明，近隣の大村藩主大村純昌が藩兵を率いて長崎に到着した。

松平康英は大村純昌と共にフェートン号を抑留もしくは焼き討ちするための作戦を進めていたが，その間にフェートン号は碇を上げ長崎港外に去った。

日本側に人的・物的な被害はなく，人質にされたオランダ人も無事に解放されて事件は平穏に解決した。

手持ちの兵力もなく，侵入船の要求にむざむざと応じざるを得なかった長崎奉行の松平康英は，国威を辱めたとして自ら切腹した。長崎警備の兵力を減らしていた鍋島藩家老等数人も責任を取って切腹した。

幕府は，鍋島藩が長崎警備の任を怠っていたとして，11月には藩主鍋島斉直に100日の閉門を命じた。

フェートン号事件の後，ドゥーフや長崎奉行曲淵景露らが臨検体制の改革を行い，秘密信号旗を用いるなど外国船の入国手続きが強化された。その後もイギリス船の出現が相次ぎ，幕府は1825年に「異国船打払令」を発令することになった。

第2節　鍋島直正の藩政改革

このフェートン号事件で屈辱を味わった鍋島藩は，第10代鍋島直正の下で近代化に尽力することになった。

(1) 鍋島直正の藩政改革

鍋島斉正は，倹約令を発令して，藩政改革に乗り出した。磁器・茶・石炭などの産業育成や他藩との間の交易に力を注ぐなどの藩財政改革を行った。

また，役人を5分の1に削減して歳出を減らし，商人には借金の8割の放棄と2割の50年割賦を認めさせた。

天保6年（1835），佐賀城二の丸が大火で全焼した。鍋島直正は佐賀城本丸に御殿を移転新築させる佐賀城再建を父の斉直の干渉を押し切って実行した。

藩校弘道館を拡充し，優秀な人材を育成し，登用するなどの教育改革，小作料の支払免除などによる農村復興などの諸改革を断行した。

役人削減とともに藩政機構を改革し，出自に関わらず有能な家臣たちを積極的に政務の中枢へ登用した。

(2) 鍋島直正の下で近代化

フェートン号事件以降，英国は侵略性を持つ危険な国「英夷」であると見なされ，組織的な研究対象となり，幕府は1809年本木正栄ら6名の長崎通詞に英学修業を命じ，続いてオランダ語通詞全員に英語とロシア語の研修を命じた。

本木らはオランダ人商人ヤン・コック・ブロンホフから英語を学び，1811年には日本初の英和辞書『諳厄利亜興学小筌』10巻が完成し，1814年には幕府の命による本格的な辞書『諳厄利亜語林大成』15巻を完成させた。

佐賀藩は長崎警備の強化を掲げ，幕府からの財政支援がなく，独自に西洋軍事技術の導入を計り，精錬方を設置し，反射炉等の科学技術導入に努めた。

佐賀本藩は高島秋帆の西洋砲術に多大な関心を寄せるが，守旧派重臣の反対や幕府に睨まれる懸念から，義兄の武雄領主である鍋島茂義に先導させて西洋砲術の導入に励んだ。これが平山醇左衛門の大砲修行に繋がったのである。

鍋島直正は，長崎警備増強の必要性を痛感し，台場の増強と洋式鉄製大砲の製造を行った。

嘉永3年（1850），築地に独自の洋式反射炉を築造し，日本で最初の鉄製大砲（カノン砲）を鋳造し，長崎台場の防衛用大砲を建造した。

すなわち佐賀藩は，幕末，西洋科学技術を習得し，日本で初めての洋式大砲である「カノン砲」の鋳造に成功した[21]。この製造には，藩主鍋島直正公が陣頭指揮を執り，このカノン砲こそが明治維新の原動力となったのである[22]。

21　カノン砲とはフランス語の「canon」に由来し，砲身が長い大砲の総称である。幕末佐賀藩では，自藩で製造した青銅製・鋳鉄製の前装滑腔式カノン砲を長崎港の台場に多数配備した。

24ポンド（約11キロ）・36ポンド（約16キロ）の標準弾を発射する規格のものが多かったが，安政6年（1859）に幕府に献上した150ポンド（約68キロ）規格のものが最大であった。

22　戊辰戦争や上野彰義隊で使用された佐賀藩の大砲は，司馬遼太郎が小説として表したアームストロング砲とある。後の節で考察する。

(3) 藩の財政再建と軍備の近代化に成功

鍋島直正は，質素倹約と経営手腕から，商人たちに「そろばん大名」と呼ばれ，『葉隠』に表される保守的な風土にいながら，医者の学問と侮蔑されていた蘭学を「蘭癖大名」と呼ばれるまでに熱心に学び，他藩が近代化と財政難の板挟みで苦しむ中，佐賀藩を財政再建と軍備の近代化に導いた。

阿部正弘が没した後，激動の中央政界で佐幕，尊王，公武合体派のいずれとも均等に距離を置いたため，「肥前の妖怪」と警戒され，参預会議や小御所会議などでの発言力を持てず，伏見警護のための京都守護職を求めるものの実らず，政治力・軍事力ともに発揮できなかった。

しかし，藩内における犠牲者を出さずに済んだのである。

第3節 「海軍長崎伝習所」と「御船手稽古所」

安政2年（1855），江戸幕府は海軍士官養成のために長崎西役所（長崎県庁）に教育機関として海軍長崎伝習所を設立した。

幕臣や雄藩藩士から選抜して，オランダ軍人を教師に，蘭学（蘭方医学）や航海術などの諸科学を学ばせた。

その後，築地の軍艦操練所の整備などにより，長崎伝習所は安政6年（1859）に閉鎖された。

併設されていた飽浦修船工場，長崎製鉄所は，長崎造船所の前身となった。

安政5年（1858），佐賀藩（鍋島家）は「御船屋」を拡張して海軍の伝習機関（「三重津」に「御船手稽古所」）を設置した。

安政6年（1859）の幕府の「長崎海軍伝習所」閉鎖に伴い，長崎海軍伝習所で学ばせていた多くの佐賀藩士の士官教育を継続するため，そして，所有する西洋船の修理場等のため，従来からあった施設の範囲と機能を増設したのである。

「御船手稽古所」では，航海，造船，鉄砲等の学科や技術教育が行われ，蒸気船・西洋式帆船等の根拠地として蒸気船の修理・製造が行われた。オランダ製の木造帆船である「飛雲丸」や木造スクリュー蒸気船である「電流丸」，木造外輪蒸気船「観光丸」（幕府からの委任）等が運用されていた。佐賀藩が長崎海軍伝習所で建造した木造帆船「晨風丸」もあった。

慶応元年（1865），国産初の実用蒸気船「凌風丸」を完成させた。

第4節　高島秋帆と平山醇左衛門

(1) 高島秋帆

高島秋帆は寛政10年（1798），長崎町年寄高島茂起（四郎兵衛）の三男として生まれた。先祖は近江国高島郡出身の武士で，近江源氏佐々木氏の末裔である。家紋は「丸に重ね四つ目結」。

高島秋帆は文化11年（1814）に父[23]の跡を継ぎ，後に長崎会所調役頭取となった。藤沢東畡の大坂市中の漢学塾泊園書院に学んだ。

高島秋帆は，出島のオランダ人らを通じてオランダ語と洋式砲術を学び，私費で銃器等を揃え天保5年（1834）に高島流砲術を完成させた。

翌天保6年（1835），肥前佐賀武雄支藩領主鍋島茂義に免許皆伝を与えて，自作第一号の大砲（青銅製モルチール砲）を献上している。

アヘン戦争で清がイギリスに敗れたことを知ると，高島秋帆は幕府に火砲の近代化を訴える意見書『天保上書』を提出し，天保12年5月9日

23　高島秋帆の父高島四郎兵衛茂紀は長崎町年寄であり，「紅毛人脇荷代調物諸勘定そのほか出島向き一躰の取締掛」という役職に就いており，脇荷を管理して出島の一切を統括する要職であった。

(1841年6月27日)，武蔵国徳丸ヶ原（板橋区高島平）で日本初の洋式砲術と洋式銃陣の公開演習を行った。

この演習の結果，高島秋帆は幕府から砲術の専門家として重用され[24]，幕命により江川英龍や下曽根信敦に洋式砲術を伝授し，さらにその門人へと高島流砲術は広まった。

しかし，翌天保13年（1842)，長崎会所の長年にわたる杜撰な運営の責任者として長崎奉行の伊沢政義に逮捕・投獄され，高島家は断絶となった。

幕府から重用されつつ脇荷貿易[25]によって十万石の大名に匹敵する資金力を持つ高島秋帆を鳥居耀蔵が妬み「密貿易をしている」という讒訴（ざんそ）をしたためというのが通説である。しかし，高島秋帆の逮捕・長崎会所の粛清は会所経理の乱脈が銅座の精銅生産を阻害することを恐れた老中水野忠邦によって行われたものとする説もある。

高島秋帆は武蔵国岡部藩に預けられて幽閉されたが，洋式兵学の必要を感じた諸藩は秘密裏に秋帆に接触していた。

嘉永6年（1853)，ペリー来航による社会情勢の変化により高島秋帆は赦免されて出獄。高島秋帆は，幽閉中に鎖国・海防政策の誤りに気付き，開国・交易説に転じており，開国・通商をすべきとする『嘉永上書』を幕府に提出した。その後は幕府の富士見宝蔵番兼講武所支配および師範となり，幕府の砲術訓練の指導に尽力した。

元治元年（1864）に『歩操新式』等の教練書を「秋帆高島敦」名で編纂した。

24　老中阿部正弘からは「火技中興洋兵開基」と讃えられた。

25　生糸（絹）・砂糖・皮革・薬品を輸入し，銅や樟脳などを輸出した公貿易を本方荷物（もとかたにもつ），または本荷（ほんに）と呼び，それとは別の商館員や船長が個人的に許された貿易品を脇荷と言った。本荷で扱われる銅や樟脳，禁輸品である刀剣など以外はどのような品物でも売買を許された。

《高島秋帆の門下生》

高島秋帆の門下生には，下曽根信敦（旗本藩），江川英龍（旗本，韮山代官），村上範致（三河田原藩），平山醇左衛門（佐賀藩武雄支藩），有坂成章（長州藩岩国支藩），池部啓太（肥後藩），成田正右衛門（薩摩藩）などがいる。

（2）平山醇左衛門

平山醇左衛門（1809～1843）は，江戸時代後期の武雄鍋島家の家臣である。記録には平山山平の名であるが，醇左衛門とは武雄支藩領主28代鍋島茂義が親しみを込めて与えたあだ名であるらしい。

天保3年（1832），平山醇左衛門は鍋島茂義の命により佐賀武雄支藩から高島秋帆の門下生となった[26]。

平山醇左衛門は，天保12年（1841），高島秋帆が江戸徳丸原で行った大砲の実射演習にも参加している。この実射演習は，徳川幕府が西洋兵学を採用する契機となったのである。

平山醇左衛門は，西洋砲術の元祖高島流砲術（のち威遠流[27]と改める）を武雄領に導入して，洋式砲の鋳造を行った。平山醇左衛門は，武雄支藩のみならず，この頃から本格化する佐賀本藩への西洋砲術の導入にも指導的な役割を果たした人材である。

天保14年，高島秋帆は讒訴により幕府に捕えられたが，事件への連座を恐れて，これを機に佐賀藩では高島流砲術の名を威遠流と改めた。

武雄支藩領にて銅製の洋式砲を大量に鋳造したことが本藩佐賀藩に迷惑

26　武雄鍋島家資料「攻城　阿蘭陀由里安牟相伝」（武雄市蔵）は，17世紀半ばにスウェーデン人ユリアン・スヘーデルが江戸幕府に教授した測量・砲術・攻城法の教本で，砲術修業の一環として平山醇左衛門が高島秋帆のもとで筆写したものと見られ，現存唯一の資料である。

27　威遠流とは，江戸末期の砲術の一流派である。嘉永（1848～54年）頃，高島秋帆の門人下曾根金三郎信敦が創始した。文久二年（1862）江戸，麹町に砲術調練所桂園塾を設けて，広く各藩の藩士にも教授した。

をかけることを恐れ，天保14年（1843）11月，平山醇左衛門を白木寨（しらきのさい）にて処刑した。享年34歳。法名は「體道玄用居士」。

西洋砲術の導入による幕末佐賀藩の近代化，そして日本の近代化を考える時，平山醇左衛門の果たした功績は大きく認識されるべきである。

《武雄鍋島家邸に大砲十八門と多数の小銃・刀剣》

昭和10年（1935），武雄鍋島家邸（現武雄市文化会館）の庭園で，大砲18門と多数の小銃・刀剣などが見つかった。小銃や刀剣類は錆びて崩れていたが，大砲は元の形を保っていた。鉄製と青銅製が半々だった。

明治4年（1871）6月の大小銃仕分帳（『大小銃並附属品々仕分帳』（「武雄鍋島文書目録」M－32））には，「武雄軍団に17門の大砲と850挺の小銃を置く」という記録があるそうである。

昭和36年（1961）夏，改めて掘り出されたのは，モルチール砲，試薬臼砲，ボンベン野戦砲の，青銅製大砲3門だけであった。

昭和61年10月2日には，同じ庭園内から，ナポレオン式四斤野砲が発掘された。これは，昭和10年に発掘された中にもないものであった。

すなわち，平山醇左衛門等は武雄支藩内に大量の銅製大砲などを製造していたのである。

第5節　アームストロング砲

(1) アームストロングの発明によるアームストロング砲

アームストロング砲（Armstrong gun）は，イギリスのウィリアム・アームストロングが1854年に発明した大砲である。初めて大規模に実用化された後装式[28]のライフル砲である。

この時期，ヨーロッパでは前装式から後装式へ，また滑腔砲からライフル砲への移行が試みられており，アームストロングの設計はその最も初期の試みの一つであった。

従来，砲身は鋳造製であったのに対し（鋳造砲），アームストロングは，砲腔にあたる中子（なかご）のまわりに砲身を少しずつ組み立てていくという製造法を採用した。これは，鋼鉄で作った中子を砲身の内側表面として，その外側から可鍛鉄の帯を巻きつけたり，短い円筒を前後に並べたりするというものであった。

この工法による砲身では，外側の帯は内側の層をきつく締め付けることになり，均質な鋳造砲身よりも軽量でありながら強靭となったほか，砲の大きさを比較的自由に変更できるというメリットもあった。

一方，閉鎖機[29]としては鎖栓式と螺栓式の混合型にあたる与圧式が用いられた。

これは，鎖栓式の閉鎖機の後方にネジ込み式の螺栓式閉鎖機を併設したものであるが，螺栓式閉鎖機は内径が薬室とほぼ同じ太さのパイプ状のネジになっている。

このネジを緩めて鎖栓を抜きとり，ネジのパイプ内を通して砲弾と装薬を装填し鎖栓を装着，ネジを締めて鎖栓を密着させて射撃準備が完了する構造になっていた。

薬嚢の前部には，ブリキのプレートで獣脂と亜麻仁油を挟み込んだ潤滑器が装着されていた。プレートの後ろには蜜蝋でコーティングしたフェルト束と厚紙があった。

28　銃砲身の後方から砲弾と装薬を装填する方式

29　尾栓ともいい銃や砲の筒状の部分の末端を密閉する構造

砲弾[30]が発射されると潤滑器もその後を追うが，この際にプレートの隙間から潤滑油が搾り出され，フェルト束が砲弾から剥がれて内腔にこびりついた鉛を拭きとり，次弾の発射前に内腔が掃除されることになる。

アームストロング砲は，1855年にはイギリス海軍で部分的に導入されたのち，1857年に勃発したインド大反乱の影響もあってイギリス軍への採用が決定され，1859年にはアームストロングは「ライフル砲専任技師」という官職に任命されるとともに爵位を受けた。

この公務員としての立場で，アームストロングはエルスウィック社(Elswick Ordnance Company)という会社を新設し，イギリス政府との専属契約のもとでアームストロング砲を納入した。

しかしその一方で，与圧式の閉鎖機には強度面の問題があり，しばしば火門鉄を破損したほか，特に旋回砲として用いられていた110ポンド砲では砲架の強度不足も露呈した。

このような構造上の問題のほか，特に大口径砲では操砲困難となる問題があり，またこの時点では装甲貫徹力や照準精度も前装式より劣っていた。

当時，装甲艦の登場に伴って対艦兵器の貫徹力が重視されるようになり，砲の大口径化・大重量化が進んでいたことから，これは重大な問題であった。

このことから，イギリス海軍においては一時的にアームストロング砲が艦から降ろされることになり，前装砲との折衷案にあたる前装式ライフル砲が開発されて，1864年にはこれが艦砲として採用されることになった。

30　大砲の砲弾1発の火薬を入れる袋

(2) 薩英戦争とアームストロング砲

文久2年（1862）8月21日に武蔵国橘樹郡生麦村で発生した生麦事件の解決と補償について艦隊の力を背景に迫るイギリスと，主権統治権のもとに兵制の近代化で培った実力でこの要求を拒否し，防衛しようとする薩摩藩兵が鹿児島湾で激突した。

これが薩摩藩と大英帝国の間で起こった薩英戦争（文久3年（1863）7月2日～4日）である。

薩摩方は鹿児島城下の約1割を焼失したほか砲台や弾薬庫に損害を受けたが，イギリス軍も旗艦「ユーライアラス」の艦長や副長の戦死・軍艦の大破・中破など大きな損害を被った。

この戦闘を通じて薩摩藩とイギリスの双方に相手方のことをより詳しく知ろうとする機運が生まれ，この戦争によって以後両者が一転して接近していく契機となった。

イギリスではこの戦闘を「Bombardment of Kagoshima」（鹿児島砲撃）と呼んでいる。鹿児島では城下町付近の海浜が「前の浜」と呼ばれていたため，「まえんはまいっさ（前の浜戦）」と呼ばれている。

日本人が初めてアームストロング砲の被害を受けた事件である。

(3) 佐賀藩のアームストロング砲

佐賀藩は，アームストロング砲など西洋式大砲や鉄砲の自藩製造にも成功し，蒸気船や西洋式帆船の基地として三重津海軍所を設置し，蒸気機関・蒸気船（凌風丸）を完成させた（それらの技術は鍋島直正の母方の従兄弟にあたる島津斉彬にも提供されている）。

ゼミの学生を連れて，佐賀城本丸公園の展示資料を説明していたところ，管内の説明担当者から「司馬遼太郎は間違っている」。「佐賀藩はアームストロング砲ではなく，カノン砲で戊辰戦争を戦ったのだ」と説明された。

後に，このことを元佐賀県庁職員の原田彰氏に質問したら，「佐賀藩はイギリスから輸入したアームストロング砲がネジ式尾栓であったのを改良して，バヨネット式尾栓を作り出していた」（原田氏提供の図3.1の写真参照）という説明を受けた。二人の知識と説明に感謝である。

すなわち，佐賀藩は平山醇左衛門のカノン砲とバヨネット式尾栓のアームストロング砲を独自に作成していたのである。

司馬遼太郎氏は，「アームストロング砲（講談社文庫）」において，次のように説明している。

「幕末随一の文明藩，佐賀藩の鍋島閑叟（かんそう）（直正）は，若い秀才たちに極端な勉学を強いた。近習・秀島藤之助は，世界最新の高性能大砲の製造を命じられ，頭脳の限り努力する。酷使された才能は斃（たお）れたが，完成したアームストロング砲は，彰義隊を壊滅させ，新時代を開いた。」

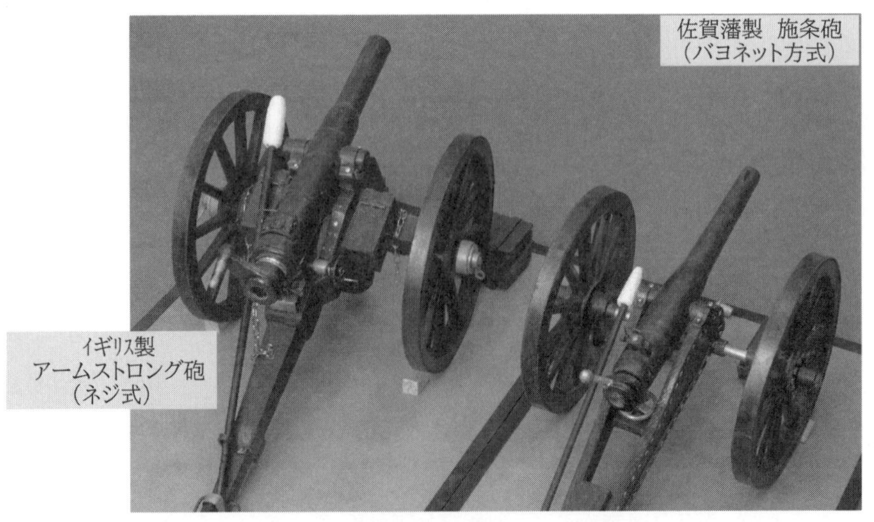

図3.1　2種類のアームストロング砲

（出所：原田彰氏からの提供資料）

鍋島閑叟は，秀島藤之助に当時世界最新鋭のアームストロング砲の製造を命じた。その砲は，砲身内に螺旋が彫られ威力は大きいが，破裂する危険がある。

秀島は，鍋島閑叟の命で英商人グラバーを通じて三門のアームストロング砲を購入して藩の製鋼所で試作を始めた。直径の異なる三本の鉄筒を嵌入して一つの砲身を作るという手探りの作業であった。

特殊炉に詳しい田中儀右衛門に教えを乞うたが，田中自身も蒸気船の製造を命じられて多忙であり，つい秀島を邪険に扱った。ある時，二人は軍艦の検査のために長崎に出張を命ぜられた。この頃すでに精神に変調をきたしていた秀島は，雷雨の夜に発狂して田中を斬った。

アームストロング砲は他の研究者に引き継がれ，遂に二門が試作に成功した。

江戸城無血開城の後，彰義隊が上野寛永寺で新政府軍に対抗したとき，佐賀藩の二門のアームストロング砲は，本郷台から不忍池越しに上野の山を砲撃した。二門がそれぞれ6弾，計12弾を発射した。

第6節　ペリーとお台場

1852年11月，アメリカ海軍の軍人マシュー・カルブレイス・ペリー(Matthew Calbraith Perry, 1794~1858)[31]は，東インド艦隊司令長官に就任，日本開国へ向けて交渉するよう依頼する大統領の親書を手渡すよう指令を与えられた。

同年11月，アメリカ合衆国大統領ミラード・フィルモアの親書を携えてバージニア州ノーフォークを出航。フリゲート艦ミシシッピ号を旗艦と

31　文書には「ペルリ（彼理）」と表記されている。ペリーの兄オリバー・ハザード・ペリーはエリー湖の戦いにおけるアメリカ海軍の英雄である。

した4隻の艦隊はマデイラ諸島・ケープタウン・モーリシャス・セイロン・シンガポール・マカオ・香港・上海・琉球（沖縄）を経由した（図3.2参照）。

嘉永6年（1853）7月8日，マシュー・ペリーが率いるアメリカ合衆国海軍東インド艦隊の蒸気船2隻を含む艦船4隻（黒船）が日本に来航して，浦賀に入港した。

7月14日，幕府側指定の久里浜に護衛を引き連れ上陸，戸田氏栄と井戸弘道に大統領の親書を手渡した。開国要求をしたが，幕府から翌年までの猶予を求められ，江戸湾を何日か測量した後，琉球へ寄港した。

「泰平の眠りをさます上喜撰　たつた四杯で夜も眠れず」（狂歌）

「上喜撰は高価な宇治茶であり四杯も飲むと夜眠れなくなること」と，「ペリーが蒸気船の黒船他計4船で来航したのを掛けた狂歌」である。

「アメリカが飲ませにきたる上喜撰　たった四杯で夜も寝ラレズ」吉田松陰（萩市内の民家で見つかった吉田松陰直筆とされる『燕都流言録』より）

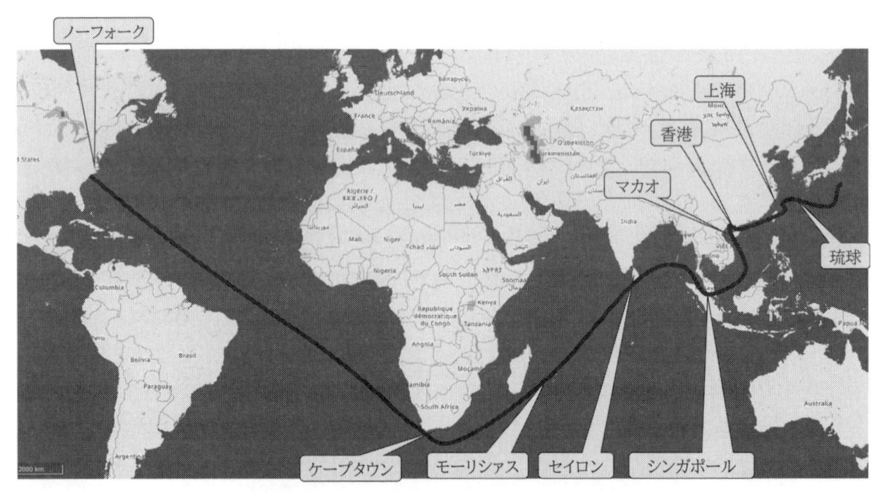

図3.2　ペリー提督の日本への航路

1852年11月出港，1853年7月8日浦賀入港

（出所：flood mapより著者作成）

第7節　佐賀藩が江戸湾の御台場に大砲設置

翌年，再び来航したペリー艦隊は，一度は品川沖近くまで進んできたが，品川の御台場を見て，横浜まで引き返した。江戸湾には御台場が作られカノン砲が設置されていたからなのである。

完成した御台場は，江戸湾の防衛を担当していた川越藩（第一台場），会

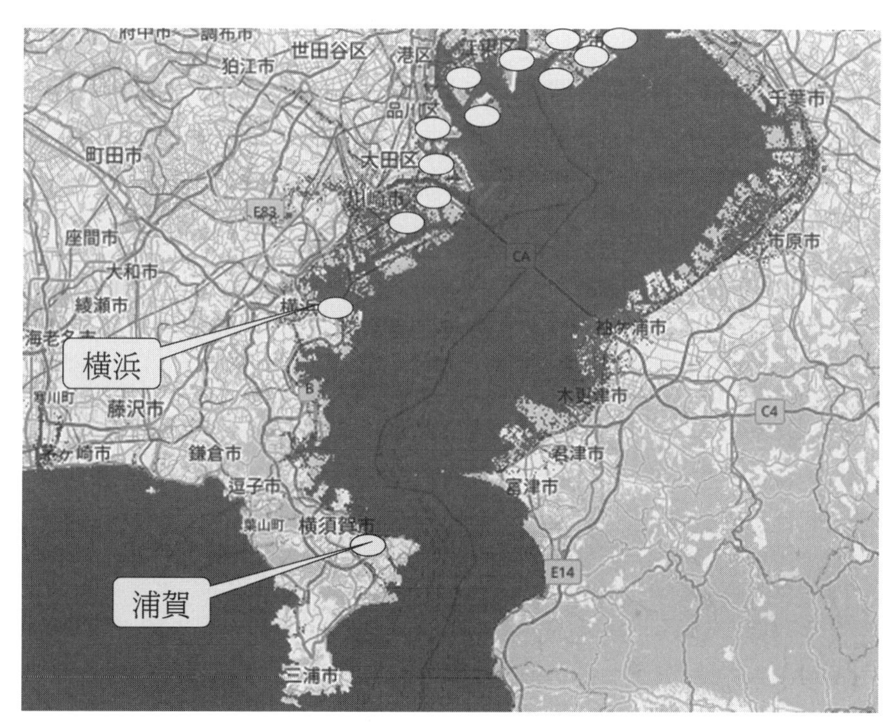

図3.3

1853年，11ケ所のお台場を設置してカノン砲を備えた。
1853年，アメリカ合衆国大統領国書が幕府に渡された。
1854年，横浜の浜で日米和親条約締結。

（出所：flood mapより著者作成）

津藩（第二台場），忍藩（第三台場）が担当していた。

御台場には佐賀藩の10代藩主鍋島直正が藩内に設立した技術機関が作成した最新の洋式砲（カノン砲）が運び込まれ設置されていた。154門もの大砲が備え付けられていたのである[32]。

太平天国の乱が起こり，アメリカでの極東事情が変化する中，ペリーは嘉永7年（1854）2月13日に旗艦サスケハナ号など7隻の軍艦を率いて横浜の沖に迫り，早期の条約締結を求めた。

3月31日（3月3日）に江戸湾浦賀（神奈川県横須賀市浦賀）において日米和親条約を調印した。その後，那覇に寄港，7月11日，琉球王国とも琉米修好条約を締結。その後，艦隊は香港に向かった。

付論1　新橋・横浜間の鉄道と佐賀藩

(1) 日本初の鉄道建設

鉄道の敷設計画は，幕末には既に薩摩藩や佐賀藩，江戸幕府などを中心にいくらか出ていた。

太平洋側の主要都市東京と京都，大阪と神戸の間，さらに日本海側の港湾都市敦賀へ琵琶湖東岸の米原から分岐して至る路線を敷設しようとしていたのである。

軍部からは先に軍の強化を行うべきだとして，西郷隆盛などを中心に鉄道建設反対の声も上がっていた。

民間からの資本を入れてでも鉄道建設を進めるべきだという声が出たが，実際に鉄道を見ないうちは建設が進まないと，とりあえずモデルケースになる区間として，新たに首都となった東京と国際貿易港となった横浜

32　この御台場建設とアームストロング砲の設置は，佐賀藩にとってフェートン号事件の名誉回復の場であったのである。

の間，29 kmの敷設を行うことが1869年（明治2年）に決定した。

《イギリス人エドモンド・モレル建築師長》

新政府が鉄道発祥国イギリスの技術力を高く評価し，日本の鉄道について建設的な提言を行っていた駐日公使ハリー・パークスの存在も大きかった。

明治3年（1870）イギリスからエドモンド・モレルが建築師長に着任し，本格的工事が始まった。

日本側では明治4年（1871）に井上勝（「日本の鉄道の父」，鉄道国有論者としても著名）が鉱山頭兼鉄道頭に就任し，建設に携わった。

1869年12月12日，政府は，東京・京都間（中山道経由），東京・横浜間，京都・神戸間，琵琶湖・敦賀間の鉄道建設を決定し，旧暦11月12日，英人レーに1割2分利付100万ポンド借款の起債契約書を公布した。

明治3年（1870）に鉄道敷設のための測量が開始され，同年中には着工された。

枕木は当初鉄製を輸入しようと考えていたが，エドモンド・モレルの意向により，予算の問題や今後の鉄道敷設のことを考えると，加工しやすい国産の木材を用いることになった。

路線は工事を容易にするため海岸付近に設定され，河川を渡るため数々の橋が作られたが，開業時の橋は全て木橋であった。

なお多摩川（六郷川）の六郷川橋梁については1875年にイギリスで製造された錬鉄製の部材を輸入して1877年に架け替えられた。

《両側は石垣》

全線29 kmのうち，1/3にあたる約10 kmが海上線路になった。

海岸付近を通る路線のうち田町から品川までの約2.7 kmには海軍の用

地を避けるため約6.4 mの幅の堤を建設して線路を敷設した（高輪築堤）。

高輪築堤の工事は1870年に着工し両側は石垣，船が通る4ヶ所には水路が作られた。

横浜の，旧神奈川駅から横浜駅（桜木町駅）までの約1.4 kmにも，高島嘉右衛門により幅65 m（うち約9 mが線路）の堰堤が建設された。

大正時代までに周辺の埋め立てが進んで堰堤は消滅したものの，跡地は現在でも線路や国道16号として使われている。

《お台場と鉄道の関係》

新橋横浜間のルートの海上線路が全体の1/3にあたる約10 kmになった理由は，地元の人々の鉄道建設に対する反対が原因であった。そのため，佐賀藩のカノン砲を設置した御台場建設のために埋め立てられた場所を繋いで鉄道が敷かれたのである。

付論2　義祭同盟と葉隠

義祭同盟（ぎさいどうめい），または楠公義祭同盟は，佐賀藩士で藩校弘道館教授である国学者枝吉神陽が中心となり，嘉永3年（1850）に佐賀城下で設立した結社である。

南北朝時代の武将である楠木正成，正行親子の忠義を讃える祭祀（義祭）を執り行う崇敬団体である。枝吉神陽（経種）は，佐賀の尊皇派の中心的存在であった。

枝吉神陽は，佐賀藩藩校弘道館教授枝吉南濠種彰の長男であり，20歳の時，江戸昌平黌に学び，ほどなく舎長に推されている。漢学に偏重した内容に異議を唱え，国学を学ぶことを認めさせている。

枝吉神陽は，早くから儒教や朱子学の教えに疑問を抱いており，佐賀藩内にも感化された者が多かった『葉隠』をも否定したといわれる。

26歳で帰郷して，弘道館の教諭や什物方などを務める傍ら，父南濠の唱えた「日本一君論」を受け継ぎ勤王運動を行った。

1850年，「義祭同盟」を結成して，天皇を中心とした律令制などの知識を伝授するなど[33]，藩論を尊王倒幕に向かわせようとしたが藩主鍋島直正を動かすことは出来ず失敗している。

この義祭同盟から実弟枝吉次郎（副島種臣）[34]，大隈重信[35]，江藤新平，大木喬任，島義勇，久米邦武ら明治維新の人材を多数輩出した。「佐賀の吉田松陰」とも言われ[36]，水戸藩の藤田東湖と「東西の二傑」と並び称された。1863年，コレラに罹った妻を看病するうち自身も罹患し，死去。享年41。

薩摩藩出身で薩摩藩の藩校造士館から昌平黌に学んだ重野安繹は，日本で最初に実証主義を提唱した日本歴史学研究者であり，日本最初の文学博士の一人である。枝吉神陽について，「世の中に一見して畏るべき者は無い，枝吉のみは其の言動に接する者は直に圧迫され，深く交る程畏敬の念を増す」と述べている。

33　枝吉神陽は律令制を学ぶことを奨励したが，彼の教えを受けた江藤新平（初代司法卿）や大木喬任（2代司法卿）は法整備に活躍した。また，明治政府が当初導入した太政官制は副島種臣が起草したものであるが，ここにも神陽の影響がみられている。

34　「声音は鐘のようで，眼光はかがり火のよう。端然として威厳のある風貌だった」。「我輩は兄等の教育を受けて居るものであるから，物に依て吾が言う所は兄の言う言葉なりとなる。自分が理に当らぬことを言えば，自分の落度で，兄の誤りではない。」－副島種臣

35　「彼から学んだことがわたしの一生の精神行為を養成した第一歩であった」－大隈重信

36　「肥前にて枝吉平左衛門（神陽）必ず御尋ね成さるべく候。僕も一面識のみにて悉しくは存じ申さず候へども，奇男子と存じ奉り候」－吉田松陰

第4章　戊辰戦争と明治維新

第1節　戊辰戦争と佐賀藩

戊辰戦争とは，慶応4年・明治元年（1868）～明治2年（1869）の王政復古を経て新政府を樹立した薩摩藩・長州藩・土佐藩等を中核とする新政府軍と幕府軍・奥羽越列藩同盟・蝦夷共和国（幕府陸軍・幕府海軍）が戦った日本近代史上最大の内戦である[37]。

新政府軍側が勝利し，他の交戦団体が消滅したことにより，欧米列強は条約による内戦への局外中立を解除した。これ以降，明治新政府が日本を統治する合法政府として国際的に認められたのである。

戊辰戦争は，次の4つの段階に分けて考えられる。

第1段階　鳥羽・伏見の戦いから江戸開城：天皇を頂点とした勢力と将軍家徳川側との戦争

第2段階　東北戦争：徳川幕府の大政奉還をより現実的なものにするための新政府軍と既存の体制に依存する奥羽越列藩同盟との戦争

第3段階　箱館戦争：新政府軍の成立を認めない，あるいは理解できない旧幕藩体制支持派による対新政府軍との戦い。

第4段階　士族反乱：1874年2月の佐賀の乱，1876年10月の神風連の乱，1876年10月の秋月の乱，1876年10月の萩の乱，1877年1月の

37　佐賀藩は戊辰戦争の主体ではなかったように見えるのである。

西南の役となって現れるのである。

第1段階から第4段階までの内戦の期間において，フランスのレオン・ロッシュ公使等は旧幕府側を支援していた。一方，駐日英国公使館の通訳官であるアーネスト・サトウが日本の政権を「将軍」から「諸侯連合」に移すべきと提唱する論文『英国策論』を新聞発表するなど，局外中立に反する動きが見られた。

また，イギリスのトーマス・ブレーク・グラバーやプロイセンのスネル兄弟などの欧米の武器商人も戦争に乗じ，新政府・旧幕府の双方に武器を売却していたのである。

第2節　北海道と佐賀藩・島義勇

島義勇（しまよしたけ）（1822~1874）は，江戸時代末期から明治にかけての佐賀藩士である。

文政5年（1822），佐賀城下精小路（佐賀市与賀町の字精）に，佐賀藩士島市郎右衛門の長男として生まれる。母つね（旧姓木原）の実の姉妹喜勢は，枝吉神陽と副島種臣の母に当たる。島義勇は枝吉神陽および副島種臣と従兄弟の関係に当たる。

明治政府官吏であり，札幌市の建設に着手し，「北海道開拓の父」と呼ばれる。

佐賀の七賢人の一人（現在では佐賀の八賢人とも呼ばれる）である。江藤新平と共に佐賀の乱を起こし刑死した。

藩校弘道館で学び，天保15年（1844）に家督を継ぐと諸国を遊学し，佐藤一斎，藤田東湖，林桜園らに学ぶ。

弘化4年（1847）帰国して藩主鍋島直正の外小姓，弘道館目付となる。嘉永3年（1850）義祭同盟発会式に出席。

安政3年～4年（1856～1857）に藩主直正の命で，箱館奉行堀利熙の近習となり，蝦夷地（北海道）と樺太を探検調査し，『入北記』という記録を残した。

安政5年（1858）に帰藩し，御蔵方，同組頭から香焼島守備隊長となる。

慶応3年（1867）に藩命で軍艦奉行，朝令で戊辰戦争における陸軍先鋒参謀の佐賀藩兵付となる。

慶応4年（1868）3月，佐賀藩の海軍軍監，ついで東上し，下野鎮圧軍大総督軍監となり，新政府の東北地方征討に従う。

《北海道開拓》

明治2年（1869）に蝦夷地が北海道と改称され，6月6日に藩主鍋島直正が蝦夷開拓督務となった。島は蝦夷地に通じているということで蝦夷開拓御用掛に任命され，同年7月22日，開拓判官に就任した。

鍋島直正から開拓使の長を引き継いだ東久世通禧以下の本府は，北海道南の箱館にあったが，明治政府は北海道の中央部の札幌に新たな本府となる都市の建設を決定した。

島は同年10月12日，銭函（小樽市銭函）に開拓使仮役所を白濱園松宅に開設し，札幌において建設に着手する。

当時の札幌は原野であった。島は「五州第一の都」（世界一の都）を造るという壮大な構想を描き，碁盤の目の整然とした市街を目指して工事を進めた。

明治天皇の詔により東京で北海道鎮座神祭が行われ，北海道開拓の守護神として開拓三神が鎮祭され，太政官訓令の中に，石狩に本府を建て，祭政一致の建前から神を祀る事を命ぜられた。

神祇官から開拓の三神を授けられ島は同年9月25日に函館に着き，単身開拓三神を背負って陸路札幌に向かい，10月12日に銭函に到着後，札幌市北5条東1丁目に仮宮殿を設け開拓三神を祀り一の宮とした。

石狩や小樽など西部13群の場所請負人を呼びつけて請負人制度の廃止を通告した。しかし，函館から制度名を「漁場持」と変えて制度自体は「従前通り」とするよう通達が回ってきた。

岩村通俊[38]が制度廃止を時期尚早とし，開拓費用を彼ら請負人に負担させるべきという意見書を書き送っている。結局，鍋島直正の後任である開拓長官・東久世通禧とは予算をめぐり衝突した。

明治3年（1870）1月19日，島義勇は志半ばで解任された[39]。

第3節　遣欧使節団と久米邦武

久米邦武（くめくにたけ）（1839～1931）は，日本の歴史学者である。岩倉使節団に同行し，『特命全権大使 米欧回覧実記』を書き上げ，明治21年（1888），帝国大学（東京帝国大学）教授に就任した。

明治25年（1892），久米邦武筆禍事件で教授職非職となり，依願免官となった。

明治27年（1894）から立教学校（立教大学）で教授。

明治32年（1899）から東京専門学校（早稲田大学）講師，教授として大正11年（1922）退職まで古文書研究・国史を教えた。歴史学の基礎を構築し，古文書学の創始者である。

安政元年（1854），16歳の時，佐賀藩校弘道館に入り一歳年上の大隈重

38　土佐藩陪臣岩村英俊長男，土佐国宿毛生まれ。酒井南嶺の下で学問を学び岡田以蔵の下で剣術を学んだ。明治2年（1869）に明治政府に出仕し聴訟司判事，箱館府権判事開拓判官を務める。明治6年（1874）7月佐賀県権令に任命され同地で治績を挙げる

39　松浦武四郎が函館に赴任した。松浦は偶然に函館の料亭で，役人が漁場持に，島同様に松浦も罷免に追い込むと口約束しているのを耳にした。松浦は陰謀を非難して1250字に及ぶ辞表を東久世に突きつけた。島義勇は陰謀によって解任されたのである。

信と出会う。儒書や史書，箕作省吾著『坤與図識(こんよずしき)』（1845刊）などの和漢の世界地誌書を読んだ。弘道館での成績は首席，訪れた藩主直大へ，論語の御前講義を行っている。

5年後に卒業。尊皇派の枝吉神陽が結社した「義祭同盟」に参加した。

文久2年（1862），25歳の時，藩命により江戸昌平坂学問所で古賀謹一郎に学んだ。

翌年帰藩してからは弘道館で教鞭をとり，前藩主鍋島閑叟の近侍を務めた。

30歳で弘道館教諭就任。

1868年，府藩県三治制にともない藩政改革案の立案にあたっている。

廃藩置県後の33歳の時，鍋島家の下扶として仕え，太政官政府（明治政府）に出仕。権少外史となり明治4年（1871），特命全権大使岩倉使節団の一員として欧米を視察。サンフランシスコ到着後，枢密記録等取調兼各国の宗教視察を命じられる。

アメリカ合衆国に半年，イギリスに四ヶ月滞在する。フランスに三ヶ月滞在，ベルギー，オランダ，プロシア，デンマーク，スウェーデン，イタリア，オーストリア，スイスなどの各国を訪れた。

帰路は，フランスのマルセイユを出発し，スエズ運河，アジアの諸港を経由し，明治6年（1873）9月に横浜に到着。1年9ヶ月の長期視察であった。その間，杉浦弘蔵の通訳で聞き取り調査を行い，各地で統計書・概説書・地理歴史書などを蒐集した。

帰国後，太政官の吏員になり，視察報告書を執筆。明治11年（1878），全100巻の『特命全権大使 米欧回覧実記』を編集し，政府から500円という多額の報奨金を受けた。

政府では太政官の修史館に入り，重野安繹と共に「大日本編年史」など国史の編纂に尽力する。

明治21年（1888），帝国大学教授兼臨時編年史編纂委員に就任，重野安繹らとともに修史事業に関与する。

1890年『史学会雑誌』に「穢多非人の由来」を発表した。この頃，坪井九馬三らと純歴史学を主張していた。在職中の明治25年（1892），田口卯吉の勧めにより雑誌『史海』に転載した論文「神道ハ祭天ノ古俗」の内容が問題となり，両職を辞任した（久米邦武筆禍事件）。

第5章　明治維新とグラバー

第1節　トーマス・グラバー

トーマス・ブレーク・グラバー（T.B. Glover 1838~1911）は，幕末に長崎に滞在したイギリス商人である。

薩摩藩に軍事援助として鉄砲を売り，土佐藩脱藩浪人の坂本竜馬・中岡新太郎達に海援隊や陸援隊を組織させて資金援助を行い，彼らに幕末の勤皇志士に陽動作戦を行わせ，倒幕のために薩長同盟を締結させた張本人とされている。

グラバーは徳川慶喜の大政奉還にもかかわらず，鳥羽伏見の戦いを仕掛けさせ，明治維新を導いた武器商人である。グラバーは坂本龍馬を使って薩長同盟を成功させて，鉄砲約２万丁を薩摩藩と長州藩に売った。戊辰戦争の結果は，グラバーのシナリオ通りに討幕運動として動いたのである。

明治維新とはイギリスを後ろ盾とした薩長とフランスに軍事協力を依存した幕府との外圧によって成された政治革命であったのである。

岩崎弥太郎はグラバーに師事して軍事物資の輸送の必要性から船会社をグラバーの支援のもとに経営，やがて運輸会社を立ち上げて三菱を作ったのである。

明治維新は外圧によって成し遂げられたと考えるならば，グラバーはこの明治維新を導いた武器商人の１人なのである。

第2節　グラバーと佐賀藩の関係

次の写真は佐賀城本丸公園内の展示室に掲げられている写真である。玄関の両側に備えられているボートはトーマス＝グラバーから鍋島閑叟公（直正）に贈られたものである。グラバーと佐賀藩との深い関係を物語る写真である。

グラバーは，幕末の日本において，造船，炭鉱，水産，鉄鋼，造幣，ビール産業の分野を開拓した。

元治２年（1865）に大浦海岸に蒸気機関車を試走させ，明治元年（1868）には高島炭鉱を開発している。同年に小菅に近代式修船場を設けた。

グラバーの息子倉場富三郎はアメリカ留学後，ホーム・リンガー商会に入社，蒸気トロール漁船をイギリスから輸入し，日本の水産業の振興に貢献した。

外国人との親睦団体内外倶楽部を作り，日本初のパブリックコース雲仙ゴルフ場設立に力を注いでいる。

その後，倉場富三郎とその妻ワカは，昭和14年（1939）に三菱重工業株式会社長崎造船所（当時）に売却するまでグラバー邸を自宅として利用していた。

第二次世界大戦中，妻ワカが急死した。長崎の原爆投下後，絶望のなかで終戦を迎えた富三郎は，11日後の8月26日に自ら命を絶った。遺言には，街の復興のために莫大な金額を長崎市に寄付するよう記されていた。

このグラバー亭は昭和32年（1957），三菱造船株式会社（三菱重工業株式会社から改称）長崎造船所開設100周年記念として長崎市に寄贈され，翌年から一般公開されている。

現在「長崎グラバー園」と呼ばれる場所は，イギリス商人とイギリス軍

図5.1　佐賀城本丸公園
玄関の両側に備えてある2隻の救命艇はグラバーから鍋島閑叟公に贈られた。
グラバーと鍋島閑叟公との関係が伺われる。

が築いた要塞であったのである。グラバー達イギリス商人は，出島と新地が見下ろせる長崎港の南側の高台に十重二十重に石垣を巡らせて堅固な要塞を建造した。

石垣の上には無数の大砲を設置して傭兵に守らせた。万が一の時にはイギリスの艦船からの砲撃とグラバー邸からの砲撃によって長崎奉行所は挟み撃ちとなるように配置された要塞であったのである（次頁の図5.2参照）。

当時の倒幕の野望に燃える幕末の志士たちや，西洋の学問を志す日本の若者たちは，このグラバーの家に集い，匿われていた。グラバー亭にはいまも，長崎奉行所や各藩からの追っ手から浪士達を守る為の隠し部屋が残されている。薩摩の五代友厚や長州の伊藤博文・井上馨などが潜伏した部屋である。

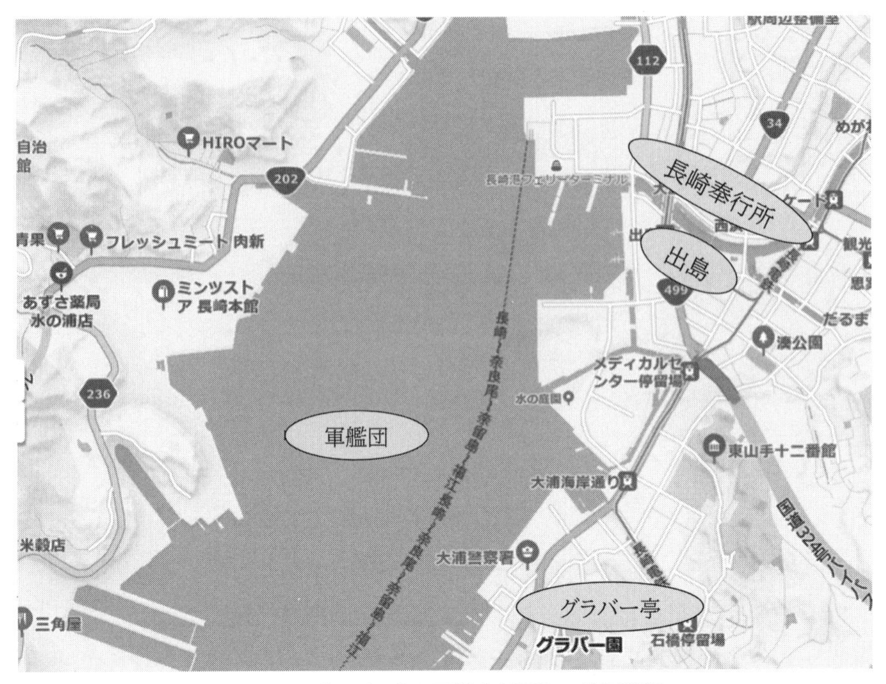

図5.2　グラバー亭と長崎奉行所との位置関係

（出所：国土地理院vectorより著者作成）

第3節　薩摩藩と長州藩とグラバーの関係

「青い目の志士」と呼ばれたトーマス・ブレーク・グラバーは，海軍軍人の家に生まれ，幼い頃から船との関わりを持っていた[40]。学校を卒業後は商人を志してジャーディン・マセソン商会に入社し，やがて長崎に赴任した。長崎では同じスコットランド出身の長崎代理人・ケネス・ロス・マッケンジーの助手として貿易に従事した。

40　トーマス・ブレーク・グラバーは，1838年，スコットランド北東部のアバディーン州の漁村・フレーザーバラに生まれた。8人兄弟の5番目であった。

《グラバー邸（園）の建築》

文久元年（1861）5月，マッケンジーは中国の漢口に異動して，グラバーが代理人の立場を引き継いだ。このとき，ジャーディン・マセソン商会の長崎代理店「グラバー商会」を立ち上げて独立して，茶や生糸の貿易を始めた。

文久3年（1863）8月，会津藩と薩摩藩が同盟を締結して，御所から尊王攘夷派公卿と警備を担当する長州藩を追放した。以降，会津藩と薩摩藩は公武合体運動を推進していくことになった。これに対して長州藩は，尊王攘夷の立場から両藩への敵対的姿勢を鮮明化させていった。

このとき，グラバーはやがて佐幕派や討幕派の間で戦争が起こると予期して，武器商人として佐幕派と討幕派の両方に船舶や武器，黒色火薬などを売り捌いている。

長崎港に面した土地にグラバー邸を建築して，本格的に武器商人として歩み始めたのである。

グラバーは特に討幕派と深い関係を築いた。文久3年（1863），長州藩が藩士5名をイギリスに留学するべく，グラバーに依頼した。当時は日本から外国への渡航が禁じられていた。この密航に手を貸すことは，グラバーにとってはかなりのリスクであった。

この時の密航メンバーは，後に長州五傑と称された伊藤俊輔（博文），井上聞多（薫），野村弥吉（井上勝），山尾庸三，遠藤謹助らであった。

慶応元年（1865）3月には，薩摩藩士・五代友厚の留学のために再び密航に手を貸している。

グラバーは自身の商会から蒸気船・オースタライエン号を手配して，薩摩の羽島沖から五代を乗せて欧州へ旅立たせた。このようにしてグラバーは討幕派と繋がりを築いたのである。

《クリミア戦争・米国南北戦争と幕末の鉄砲》

1853～1856年にかけて，ロシアとオスマントルコの間でクリミア戦争が勃発した。その直後の1861～1865年，アメリカにおいて南北戦争が生じた。

両戦争の終結後，無用の長物となった大量の小銃が日本に持ち込まれたのである。この結果，旧幕府軍も新政府軍も，クリミア戦争や南北戦争で使用された小銃で武装し，戊辰戦争を戦うことになったのである。

グラバーは，ミニエー銃4,300丁，ゲベール銃3,000丁を長州に売り，その代金として9万2,400両を受け取ったという。

《坂本龍馬らに新式銃を売却する》

慶応元年（1865）4月，大浦海岸で500メートルほどの区間で蒸気機関車を走行させている。日本人に鉄道を紹介するために，客車2両に長崎の人々を乗せて走らせた。このほか，茶や木綿，毛織物などの貿易も行い，着実に地盤を固めていった。

慶応2年（1866），幕府は第二次長州征伐を決定した。幕府軍は西南諸藩に動員令を発令し，15万の幕府軍が動員された。対して長州軍は四千人。

当時，長州藩は薩摩藩と同盟を結んでいたために，両者の間には坂本龍馬の亀山社中が入り，長州藩に武器購入の援助を行った。

グラバーは長州藩に，当時の新式銃ミニエー銃4,300丁とゲベール銃3,000丁を販売している。売買価格は9万2,400両であった。

グラバーが販売した新式銃は，第二次長州征伐において奇兵隊をはじめとする長州藩諸隊が幕府軍を打ち破る原因となった。

《銃と軍服と金》

日本が米国との交易を開始することによって大量の金が流出した。その金の多くはロシアに対するアメリカのアラスカ領購入（1867）代金に使われた。

戊辰戦争の際には，イギリスからスナイドル銃を購入し，米国から，スペンサー銃・ミニエー銃・ゲベール銃を購入し，しかも，米国から北軍の軍服をも購入した。

これらの購入代金の金は，南北戦争の戦後処理費用に使われたのである。

《小菅修船場の建設》

このほか，薩摩藩の奄美大島に製糖工場建設を支援して，機械の輸入，外国人技術者の派遣を行っている。また，イギリスから帰国した五代友厚と共同で長崎の小菅に造船場を着工し，明治元年の12月に「ソロバン・ドック」を完成させている。

付　論　明治以降のグラバー

《グラバー商会の破産と新会社・キリンビールの設立》

グラバー商会は，明治元年（1868），佐賀藩と合弁で洋式採炭法を取り入れて高島（三池）炭鉱開発に着手している。

維新後も造幣寮の機械輸入などに携わっているが，グラバー商会の経営は危機に瀕していた。

明治2年（1869）5月，箱館に籠る榎本武揚らが降伏した。戦争が短期間で終結したために，大量の武器を仕入れていたグラバーは武器が売れなくなってしまった。また，諸藩からの資金回収が滞ったことから，商会の運営が致命的になってしまったのである。このため明治3年（1870），グラバー商会は破産してしまった。

グラバー商会が破産した後，グラバーは日本に留まることを選択し，高島炭鉱の経営者として活動を続けた。グラバーは炭鉱労働者から「赤鬼」と呼ばれて親しまれていた。

明治14年（1881）に，三菱の岩崎弥太郎が高島炭鉱を買収。以降もグラバーは炭鉱の所長として経営に関わった。グラバーは岩崎から経営手腕を認められていたのである。

《高島炭鉱》

高島炭鉱は，元禄8年（1695）に，肥前国松浦郡江迎の五平太が石炭を発見したことが始まりとされ，その後幕末の1868年に佐賀藩とトーマス・グラバーが共同出資で採掘を始め，国内初の立坑（北渓井坑）を開削した。

明治に入ると佐賀藩から後藤象二郎が買い上げて操業を開始した。英国人鉱山技師エラスムス・ガウワーが近代化を試みるがうまくいかず（この前後の1873年に官営となっている），1881年，同じ土佐藩出身の岩崎弥太郎率いる三菱財閥に権益を譲り，本格的に採掘が開始されることとなった。

4月25日岩崎は後藤所有の高島炭鉱を譲り受け，その代償として後藤の政府宛未納金25万円を肩代わりした。以来，近郊の伊王島・端島の炭鉱とともに西彼杵炭田の一角として高嶋炭鉱は1世紀以上にわたって日本のエネルギー経済を支え続けることとなった。

《麒麟ビール》

明治18年（1885），グラバーは三菱財閥の相談役に就任した。岩崎に経営危機に陥っていたスプリング・バレー・ブルワリーの再建を提案している。これがのちの麒麟麦酒（現キリンホールディングス）となった。

《子孫とともに日本で暮らす》

グラバーは日本で家庭を築いている。来日間もなくして，グラバーは遊女として知り合ったお園（広永園）と結ばれた。

お園との間に生まれた梅吉は生後四ヶ月ではしかに罹患して亡くなってしまった。悲しんだお園は実家に帰ったと伝わっている。

その後，グラバーは加賀マキという女性と結婚して次男倉場富三郎が誕生した。しかしマキはグラバーのもとを去っていった。

しばらくしてグラバーは，五代友厚の紹介で淡路屋ツルと知り合った。ツルは大阪の造船業談川安兵衛の娘で，一度武家に嫁ぎ，大阪に戻っていた。グラバーはツルとの間に長女ハナをもうけている。ツルは，世界的に有名なオペラ・『マダム・バタフライ（蝶々夫人）』のモチーフとなった人物とも言われている。劇中のピンカートンがグラバーに当たるが，事実は異なっている。

ピンカートンは妻子を置き去りにするが，グラバーは終生妻子とともに日本で幸せに暮らしている。

グラバーは明治維新後，グラバーの商会破産の後も，日本で生活し高島炭鉱の経営に携わり，キリンビールの創業にも参画して，近代日本の商業を支える道を選んだのである。

明治41年（1908），グラバーは功績が評価され，勲二等旭日重光章を受賞した。外国人としては異例のことであった。明治維新での功績についての評価と伊藤博文らとの繋がりも深いことが考慮されたと考えられる。

明治44年（1911），グラバーは慢性腎臓炎により，東京の自宅で死去した。享年73歳。

【主な参考文献】

⑴ あっ！と長崎（長崎市公式観光サイト）日本の近代化に貢献したグラバー
⑵ グラバー園HP 旧グラバー住宅
⑶ キリンホールディングスHP　発売の功労者　近代日本建設期の大商人・グラバー
⑷ 長崎市HP 日本の近代化を支えた偉人 トーマス・ブレーク・グラバー

第６章　佐賀の乱

佐賀の乱は，明治７年（1874）２月に江藤新平・島義勇らを中心として佐賀で起こった，明治政府に対する士族反乱の一つである。「佐賀の役」，「佐賀戦争」とも呼ばれる。

明治政府にとって不平士族による初の大規模反乱であった。

第１節　征韓党と憂国党

征韓論問題で下野した前参議江藤新平[41]を擁する中島鼎蔵等の征韓党[42]と，前侍従・秋田県権令島義勇[43]，副島義高等を擁する憂国党[44]による混成軍であり，旧佐賀藩士を中心とした部隊であった。以後続発する士族によ

41　天保５年（1834），佐賀郡八戸村に生まれる。明治５年（1872），司法卿。明治６年（1873），参議就任。明治７年（1874），佐賀の乱で敗れ，刑死。

42　「制韓党」とは佐賀・与賀町の「延命院」に本拠を置き，「延命院党」「征韓大社」「開化党」「北組」などと呼ばれた。若年の下級士族が中心であった。主宰（党首）江藤新平（前参議）。亜者（幹部）；山中一郎（海外留学生），香月経五郎（岩倉使節団通訳・佐賀県中属），朝倉尚武（陸軍少佐），石井貞興（佐賀県大属），山田平蔵（佐賀県中属），中島鼎蔵（左院奉職），西義質（佐賀県大属・陸軍中尉）

43　文政５年（1822），佐賀市に生まれる。安政３年（1856）～安政４年（1857）に北海道と樺太を探検・調査。明治２年（1869），北海道開拓使主席判官就任，札幌のまちづくりの指揮をとる。明治４年（1871），秋田県令就任。明治７年（1874），佐賀の乱で敗れ，刑死。

44　「憂国党」とは，佐賀城下南に位置する「宝琳院」を本拠地とし，「宝琳院会」「憂国大社」「南組」などと呼ばれた。藩では位の高かったものが多く壮年のものも多かった。また征韓党より大規模でもあった。主謀（党首）島義勇（前秋田県権令）。会軸（幹部）；重松基吉（島義勇の弟），副島義高（島義勇の弟），村山長栄（佐賀藩一心隊隊長），中川義純（元佐賀藩士ですでに隠棲），福地常彰（佐賀藩極役）

る反乱の発端となった。

江藤新平と島義勇は，不平士族をなだめるために佐賀へ向かったが，政府の強硬な対応もあり決起することとなった。

韓半島への進出の際には先鋒を務めると主張した征韓党と，封建制への復帰を主張する憂国党は国家観の異なる党派であり，主義主張を共有していなかったために，両党は司令部も別であり，協力して行動することは少なかった。

戊辰戦争の際に出羽の戦線で参謀として名をはせた前山清一郎を中心とする中立党の佐賀士族が政府軍に協力したほか，武雄領主鍋島茂昌など反乱に同調しないものも多く，江藤らの目論んだ「佐賀が決起すれば薩摩の西郷など各地の不平士族が続々と後に続くはず」という考えは佐賀藩内ですら実現していなかった。

佐賀の乱における佐賀軍の総兵数は，明治7年に鎮圧に当たった参謀少佐渡辺央らが西郷従道に提出した「降伏叛徒概計」に6,327人とあり，徳富猪一郎は著書『近世日本国民史 89』では，これが実数に近いであろうと記している[45]。

第2節　福岡藩と小倉藩の鎮圧部隊

内務卿大久保利通は，佐賀士族の決起によって刺激された福岡県士族が呼応して暴発することを未然に防ぐために，福岡県権参事の山根秀助（福岡県士族出身）に佐賀討伐の士族の徴募を指示している。

福岡県士族3,600人が福岡城の大手門前広場に集まり，佐賀征討の軍事

45　江藤新平の弟の孫に当たる鈴木鶴子氏が著書「江藤新平と明治維新」において，戦闘に参加せずに降伏した数も含まれているとして，征韓党が1,500人，憂国党が3,500人と記しているなど，およそ3,000人から6,000人ほどではなかったかとする説が主張されている。

行動への参加を志願した。その中から500人だけを選抜して，小銃と弾薬を与えて戦線に投入している。

旧小倉藩から500人の士族が志願している。士族の徴募は，軍事上の必要性ではなく，明治維新という大変動のあおりをくって，不平と鬱屈を詰まらせている士族の熱を政治上の必要性から吐き出させるためのものであった。

電信も，迅速な情報の伝達に威力を発揮した。最初に命令を受けた熊本鎮台への電信は佐賀を経由して伝えられたため，当然の如く命令が佐賀軍の知ることになるなど幾つかの問題点も発生している。

第3節　開戦前

征韓論をめぐる明治6年の政変で中央を追われた江藤新平は，板垣退助や副島種臣，後藤象二郎からの説得や警告を受け流し，太政官より発せられた，「前参議は東京に滞在すべし」との御用滞在の命令を無視する形で佐賀に戻った。

江藤と同郷の大木喬任は，高木秀臣から江藤出発の報を聞くや，即座に佐賀出身の官吏を３人派遣して強引に江藤を連れ戻そうとしたが，彼らが横浜に着いた時には，すでに江藤が乗船した船は出航した後だった。

この頃の佐賀は，征韓論を奉じる反政府的な「征韓党」と，封建主事への回帰を目指す保守反動的な「憂国党」が結成されるなど，政情は不安定で政府からも懸念されていた。

明治7年2月1日，憂国党に属する武士が官金預かり業者である小野組におしかけ，店員らが逃亡するという事件が起こった。この件は，内務省に電報で通知され，2月4日，政府は熊本鎮台司令長官谷干城に佐賀士族の鎮圧を命令した。これが佐賀の乱の第一歩である。

島義勇は三条実美の依頼により，沸騰する佐賀県士族を鎮撫するため佐賀に向かった。たまたま同船した岩村高俊の佐賀士族を見下した傲岸不遜な態度に憤慨し，さらに岩村に同行していた権中判事の中島錫胤（ますたね）から岩村が兵を率いて佐賀城に入る予定であると聞き，父祖の地を守るためには官兵を打ち払わなければならないと決意した。そしてそれまで不仲だった江藤と会談し，共に発つ決意を固めたのである。

《大久保利通内務卿》

明治7年2月9日，佐賀における軍事・行政・司法の三権全権の委任を受けていた大久保利通内務卿は，文官でありながら兵権を握る権限を得ており，嘉彰親王（小松宮彰仁親王）が征討総督として現地に着任するまで全ての事項を決裁した。

大久保は東京から引き連れた部隊に加えて大阪の鎮台部隊等を直ちに動員し，博多に向かい，20日に到着すると現地で貫属隊[46]の名目で兵を集める一方，本隊を指揮する野津鎮雄を朝日山へ向かわせ，博多の本陣には山田顕義を残した。後に三瀬峠に佐賀軍の別働隊を発見し，山田顕義麾下の部隊を派遣した。

第4節　佐賀城攻防戦

熊本鎮台には，兵の中に佐賀出身が多く動揺が広がっていた。司令長官谷干城も援軍を待っての進軍を主張していたが，新県令岩村高俊の要請もあり，2月14日には1個半大隊の中から，第11大隊（大隊長：中村重遠中佐は出張中で不在）を二分し，左半大隊は参謀山川浩少佐と隊長和田勇馬大尉

46　明治時代，その人がある地方自治体の管轄に属すること。本籍地の意味。

が率い海路から，右半大隊は参謀佐久間左馬太少佐と隊長山代清三大尉が率いて陸路から佐賀に向かった。

翌2月15日に海路軍に護衛された岩村高俊らが佐賀に入城すると，江藤らは政府の真意を確かめるため山中一郎を代表として派遣した。

岩村の「答える必要はない」との返答を受け，同日夜県庁が置かれた佐賀城に籠もる鎮台部隊と交戦して大損害（3分の1が死亡）を与え，敗走させた。

佐賀の乱における政府軍の死者の大部分はこの戦闘におけるもので，佐賀県大属の小出光照，中隊長の大池蠖二大尉（佐賀の乱での官軍戦死者で最高位の一人），沢田正武中尉が戦死，敗走中に包囲された津井城郷吉中尉が自刃したほか，山川浩少佐，奥保鞏大尉が重傷，西島助義少尉が捕虜となった。

この時，憂国党の副島義高は捕虜を殺害しないよう通達を出したが，佐賀城からの脱出時に岩村の命で公金2,000円を携行していた佐賀県権中属（ごんちゅうぞく）（県職員課長級）の中島脩平に対しては，これを公金横領と看做（みな）して処刑した。この敗走中，兵卒の谷村計介が単身先行し，渡船を調達して部隊を窮地から救った。政府軍は一時的に佐賀城を失った。

《2月22日以降の戦闘》

既に東京鎮台などを率いて福岡入りしていた大久保利通は，本隊として第四大隊（厚東武直少佐）・第十大隊（茨木惟昭少佐）及び第三砲隊（山崎成高大尉）を福岡との県境にある要衝「朝日山」に進撃させると共に，佐賀軍の別働隊を「三瀬峠」，椎原口などに認めたことから第十大隊第三中隊（小笠原義従大尉）を本陣警護として博多に残した。

「府中」（久留米市御井町）まで退却した第11大隊は，筑後川から「千栗」「豆津」周辺の佐賀軍を撃ち，朝日山で本隊と合流した。

長崎に上陸した外務少輔の山口尚芳が遠武秀行海軍秘書官ほか現地海兵隊を護衛に大村から武雄に向かい，乱への参加に消極的だった佐賀藩武雄領の説得を行っている。

第5節　佐賀軍の反撃

佐賀軍はこれに対して，長崎街道沿いを征韓党が，筑後川沿いを憂国党がそれぞれ受け持つことに決め，征韓党は朝日山に田尻種博（戊辰戦争時の大隊長）と井上考継を先鋒に西義質らを向かわせ，2月22日にはこの政府軍部隊を迎撃した（図6.1参照）。

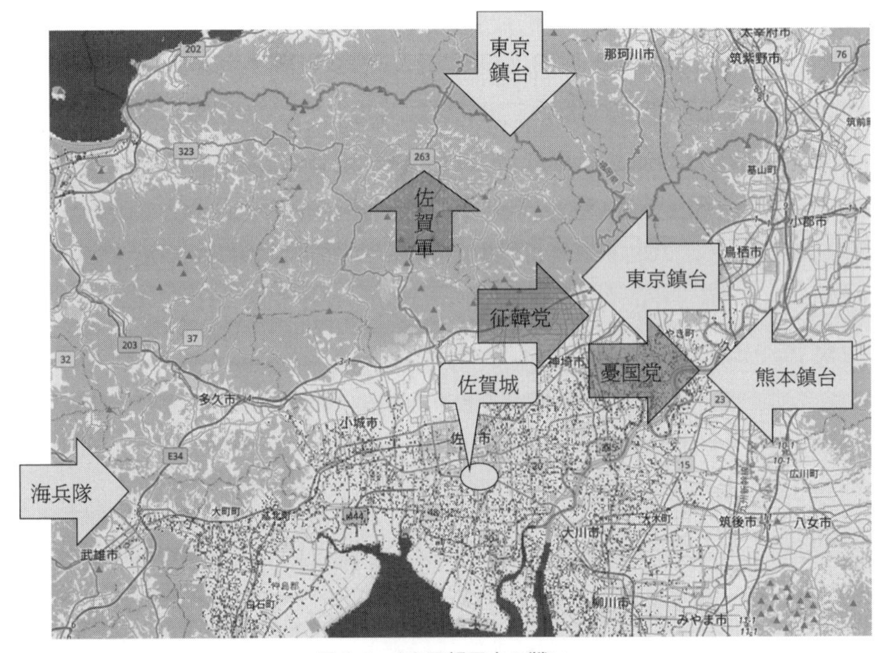

図6.1　22日朝日山の戦い

（出所：flood mapより著者作成）

憂国党の指揮は村山長栄が取り，本隊との合流を目指す熊本鎮台部隊を迎撃した。

《朝日山の戦い》

鎮台本隊は2月22日朝日山に向かい，第四大隊と第三砲隊は轟木道から正面へ，第十大隊の半数が山浦から側面に，残る半数が宿村から背後に出て包囲攻撃を行った。

佐賀軍も反撃したがすぐに弾薬が枯渇したため支えることが出来ず，中原に敗走し，ここでも敗れて隘路である切通で反撃に出た。第四大隊は苦戦したが，最後には退け，苔野まで前進したのち中原まで退き，笛吹山から原古賀の佐賀兵を掃討した第十大隊と合流して宿営した。

夜半には佐賀兵の夜襲も撃退した。

《第十一大隊攻略失敗》

これに対し第十一大隊は朝日山の本隊に合流しようと筑後川を渡り，千栗・豆津・江見などで佐賀軍を破ったものの，六田で奇襲を受け，永山貞応中尉が戦死するなど大損害を出し，筑後川を渡り住吉（安武町）まで退却した。

その後，夜間，再度渡河して千栗に宿営したため，この日の戦力の結集には失敗した。

《寒津川・田手川の戦い》

翌23日，政府軍は第十大隊を前軍とし，第三砲隊が続行，第四大隊を後軍として中原を出発した。前夜合流した前山隊が中原の守備に当たった。

佐賀軍は寒津村（みやき町）に本陣を置き，寒津川沿いで迎撃した。中島鼎蔵の指揮の下，左右から挟撃し，『佐賀征等戦記』に「官兵殆ど敗れんとす」と記されるほどまで追い込んだが，官軍指揮官の陸軍少将野津鎮雄が弾雨の中抜刀して先頭に立ち兵を励まし戦い，中原から北山に転戦していた厚東武直少佐の第四大隊が反転して背後を突き，佐賀軍は総崩れとなり敗走した。

本隊となった第十大隊第二中隊では中隊長の阿部正通大尉が戦死，代わって指揮を取った児玉源太郎大尉も重傷を負うなど被害が大きく，中原に到着した第十一大隊は一個中隊を割いて増援することになった。

第6節　江藤新平佐賀を離れる

朝日山の陥落を聞いて神埼まで出ていた江藤は寒津でも破れたことを聞くと馬を田手まで走らせて陣頭指揮を執った。江藤は田手川に防御陣を敷き，一部の精鋭を持って背後を突こうとしたが，田手川下流を渡河した青山朗大尉率いる第十大隊第四中隊に逆に背後から攻撃を受け敗退した。

さらに官軍が追撃したため，佐賀軍は神埼を焼き払い境原（千代田町境原）まで退却した。この敗退で勝機を失ったと見た江藤は征韓党を解散し，鹿児島県へ逃れて下野中の西郷隆盛に助力を求めるため戦場を離脱した。

江藤は憂国党には無断で佐賀を離れており，この敵前逃亡ともいえる態度に副島義高ら憂国党の面々は激怒している。

《三瀬方面》

三瀬峠では佐賀軍一の用兵家とされる朝倉尚武（元陸軍少佐）が三個小隊を持って布陣していた。博多には広島鎮台などからの援軍が向かっていたものの当初は小笠原義従の一中隊しか残っておらず，守備する山田顕義少将は間道沿いからの攻撃を考慮して斥候を出し，飯場村に佐賀軍を発見したため，22日に一個分隊を進めたが佐賀軍は既に退却していた。

23日には中隊全軍で三瀬峠に出撃，24日は福岡士族による貫族隊六個小隊が飯場村に出撃したが反撃を受け，小隊長幾島徳（安川敬一郎男爵の兄）が戦死するなどして金武まで後退した。

26日には小笠原隊が背振口で佐賀軍を破り，翌27日は三瀬も取って佐賀軍を四散させた。

しかし，地形が険阻な上，思わぬ苦戦を強いられた政府軍は博多に着いた井田譲少将，田中春風中佐，高島信茂少佐，古川氏潔少佐らが率いる広島鎮台第十五大隊の三個中隊を28日三瀬に進めた。

この広島鎮台部隊は戦闘を行うことは無かったが，朝倉は正規軍四個中隊と現地召集の士族兵六個小隊を三瀬方面にひきつけることに成功した。

3月1日に福岡に着いた谷重喜大佐の率いる大坂鎮台第十八大隊と第七砲隊一個小隊が加わった。

《境原の戦い》

3月27日には総攻撃を開始し，第十大隊および第三砲隊が本隊として姉村に，第四大隊を右翼として城原から川久保に，第十一大隊と第十九大隊一個小隊を左翼として蓮池にそれぞれ進軍した。

佐賀軍が神埼以南の諸橋梁を破壊していたため，架橋しながら戦う第十大隊は苦戦した。第十一大隊が後方から攻撃したため挟撃の形となり，佐賀軍を敗走させて境原を奪取した。

この日の夜には佐賀軍は一千人規模の夜襲を敢行したが，蓮池を占領しに向かった第十一大隊が戻り，側面を突いたことで佐賀軍は壊走した。結果的に戦闘は一昼夜行われ，佐賀征討記ではこの日の戦闘を「今役中第一の激戦」と記している。

第7節　江藤新平・島義勇捕縛

江藤らは2月27日鹿児島に入った。しかし，西郷に決起の意志はなかった。江藤新平たちは土佐へ向かい片岡健吉と林有造に挙兵を訴えた。

既に手配書が廻っており，3月29日，高知県東洋町甲浦で捕縛された。捕吏長の山本守時は江藤に脱走を勧めたが，江藤は裁判で闘う決意を固め，これに応じなかった。

2月28日，政府軍が佐賀城下にまで迫った。佐賀郡は東京から戻っていた木原隆忠（島義勇の従弟）と副島義高を使者に降伏と謝罪を申し出たが，官軍（政府軍）は受理せず，木原を拘留した。

島義勇は佐賀で討ち死にするつもりであったが，実弟の副島義高らが無理矢理脱出させた。島は，島津久光に決起を訴えるべく鹿児島へ向かったが，3月7日に捕縛された。

《戦闘終了後》

江藤は東京での裁判を望んだが，大久保は急遽設置した臨時裁判所において，権大判事河野敏鎌に審議を行わせた。

わずか2日間の審議で11名が4月13日の判決当日に斬首となり，江藤と島は梟首にされた。江藤らの裁判は当初から刑が決まった暗黒裁判であり，答弁や上訴の機会も十分に与えられなかった。

明治政府の司法制度を打ち立てた江藤新平当人が，昔の部下である河野にこのような裁判の進行をされたことが非常に無念に思ったとの話がある。

その後もしばらくは佐賀では士族らを中心に不穏な動きが続き，明治10年（1877）の西南戦争などに合流する士族もあったが，佐賀で反乱が起こることはなかった[47]。

処刑された江藤新平・島義勇は，明治維新に大きな功績があったため，当時から「戊辰戦争で政府軍に反抗した榎本武揚が後に特赦で要職に就いた例と比較して刑が重すぎる」という意見があった。

イギリス公使ハリー・パークスは1874年4月25日付の英外務大臣宛の公文書に「江藤・島は死刑に加えさらし首にされた。この判決は大きな不満を呼んでいる」「新政府が分裂し，人々は個人的感情が（江藤処刑に）復讐の性格を与えたと考えているようだ」「佐賀の乱鎮圧で政府への信頼が回復したとは言えない」と記している。

《明治天皇の裁可で特赦されていた》

大久保による謀殺説については平沼騏一郎が回顧録において「真偽は知らぬがこう聴いている」と前置きした上で「佐賀出身の現職参議大木喬任が江藤の助命に動き，岩倉具視もこれに協力して明治天皇の裁可で特赦と定まった。岩倉が手紙を書いて使者が佐賀に発ったが，大久保の留守を預かっていた伊藤博文は使者が着く前に殺してしまえと大久保に伝えた。使者は死刑執行より早く着いたが大久保は翌日会うと言って会わずに死刑を執行した。翌日使者に会った大久保は江藤の助命の手紙であればなぜ昨夜出さなかったのかと使者を叱責したため，その使者は宿に帰って腹を切った。真偽は兎に角，使者が行ったこと，口供完結前に殺したことは実際である」と残している。

この説については伊藤痴遊が自身の著書で触れているが，園田日吉（佐賀郷土雑誌「佐賀史談」主宰）は著書の『江藤新平伝』で「小説的，講談的なフィクションだろう」と看做（みな）している。

47　反乱後しばらく庶民の間で，江藤の霊を信仰すると眼病が癒り，訴訟ごとがスムーズに決着するとの風聞が流れたそうである。

大正８年（1919），特赦が行われ，江藤や島も赦免され，叙任されるとともに，地元有志によって佐賀城近くの水ヶ江に佐賀の乱の戦没者の慰霊碑が建てられた。

第８節　佐賀の乱の成果

今回の政府軍は戊辰戦争時の薩摩や長州など武士で構成された部隊であった官軍とは異なり，明治６年（1873）に制定された徴兵令による国民軍が軍隊を編成しての初めての大規模な内戦であった。

徴兵による鎮台兵は佐賀士族に対して善戦し，徴兵による軍隊が戊辰戦争を経験した士族とも互角に渡り合えることを示したと評価されている。

1871年～1876年までの短期間ではあるが大日本帝国海軍に存在した海兵隊も戦闘に参加した。

蒸気船（佐賀の乱には東艦・雲揚・龍驤・鳳翔の軍艦４隻，大坂丸など運送船９隻，チャーターした英米船２隻の計15隻が出動している）による迅速な行軍や電信技術なども使用されている。

付　論　江戸の時代から明治の時代への佐賀藩の対応

江戸時代の幕藩体制は，江戸の徳川幕府を頂点とした全国300諸侯の領地にそれぞれの政府が自治権をもって支配する封建制度であった。

各藩は原則的には「自給自足」の経済システムであるはずであった。しかし，諸侯の参勤交代と「入り鉄砲に出女」と呼ばれる大名家族の江戸軟禁生活のために毎年巨額の予算が各藩には必要であった。このための資金は年貢米と各藩の特産物の販売利益であった。

参勤交代のためには街道の整備が必要であり，街道には最小限度の橋がかけられ，渡しが設けられ全国の交通網が発達していた。

佐賀藩には，有田焼という白磁と赤絵の陶磁器があり，伊万里大川内には鍋島藩用という門外不出の鍋島青磁と色鍋島の窯と技術があった。これらの販売利益が佐賀藩の財政を支えたのである。これらは後の幕末の鍋島直正の藩政改革の時代のカノン砲やアームストロング砲の建造などのための溶鉱炉の技術に貢献することになる。

大坂堂島には米市場と両替商があった。各藩の年貢米と幕府の天領から送られる年貢米，そして，金・銀の両替システムを請け負っていた。天領日田の御用金を大坂堂島に運ぶ御用船の役割を佐賀藩が担い，日田代官所の年貢米を大坂堂島に運ぶ御用船の役割を久留米藩が担っていた。佐賀藩と久留米藩は有明海から瀬戸内海の大坂迄の海運の業務を行う役割を担っていたのである。

当時の農民の税負担を「五公五民」と仮定して藩の財政の二割が江戸への送金の割合であると仮定すると，各藩の所得の1割が大坂堂島で換金される金融システムであった。これが江戸時代に全国が貨幣経済の世界に導かれる過程であった。

さらに佐賀藩と福岡藩は，毎年交代で長崎警備を幕府の命令で担当させられていた。文化5年（1808）8月15日のフェートン号事件に遭遇した佐賀藩はこの事件処理に追われるとともに長崎港の警備のために大砲の建造を計画して，武雄鍋島支藩の平山潤左衛門らによるカノン砲を製作させた。

また，ペリーの二度目の江戸湾来航に間に合わせるように，幕府は江戸湾に御台場を建造して佐賀藩のカノン砲が江戸城と江戸の町を守ったのである。また，秀島藤之助のアームストロング砲の製作は上野の彰義隊を壊滅させた。

このようにして，佐賀藩は全国に先駆けて，西欧の技術を学び取る最先端の藩となっていくのである。からくり義右衛門による蒸気機関の製作は蒸気船や新橋横浜間の鉄道に繋がっていった。

明治維新とは，これまで全国300諸侯の領地に分散していた社会が戊辰戦争を通して幕府が衰退し，「王政復古」という名の下で日本が中央集権国家に変化したという単純な政治改革だけではなかったのである。この政治改革のためにそれに見合った対外的な軍事力と経済力が求められていたのである。

この軍事力の背景として技術力と資本力が求められていたのである。この技術力の多くは佐賀藩が担ったのである。そして，資本力の一部は佐賀藩とトーマス＝グラバー等の外国商人達による産業改革という経済の明治維新が担ったのである。

第7章　日清戦争

日清戦争は，明治27年（1894）7月25日から明治28年（1895）4月17日にかけて大日本帝国と清国の間で行われた戦争である。正式な宣戦布告は1894年8月1日である。

これまで長い間清の属国であった李氏朝鮮の地位確認と朝鮮半島の権益を巡る両国の争いが原因となって引き起こされ，主に朝鮮半島と遼東半島および黄海において両国は交戦し，日清講和条約（下関条約）の調印によって終結した[48]。

第1節　大院君の攘夷政策から改革路線へ

当時の李氏朝鮮は大院君と明成皇后（李氏朝鮮国王高宗の妃である閔妃）との間で憎悪の対立構造があり，政治エリートらは最初，開化の是非（開化派と衛正斥邪派）で，次は急進開化派と穏健開化派の方法論で対立した。その後は，清と日本とのどの列強に頼るべきかについて，日清戦争の後は，ロシアと日本とのどちらの国に頼るべきかについて対立した。そして最後は権力それ自体を独占するために激しく対立した[49]。

閔妃は，実権を義父興宣大院君（1820～1898）から奪い，大院君の攘夷政策を一転させて開国路線に舵を切り，欧露に先駆けて真っ先に日本と外

48　完全な終戦は台湾の平定を終えた1895年11月30日とする見方もある。

49　李氏朝鮮は「妥協と折衝を通じて社会的合意を形成する方法を知らなかった」と言われている。

交条約を締結した。日本は，朝鮮を清の冊封（さくほう）より独立した国家主権を持つ独立国である旨を明記し，軍の近代化に協力した。

この結果，李朝内には新旧２種類の軍が並列することとなった。そこに旧式軍隊の待遇・給与未払い問題が絡み，旧式軍隊と大院君派が呼応して1882年，大規模な反乱「壬午事変」を起こした。

閔妃派は，近代化を果たした日本に学び，朝鮮を清から完全独立させて，立憲君主国を目指す開化派であった。大院君は旧式軍隊に閔妃暗殺を目論み（壬午事変），日本人を殺害・駆逐して，復権した。

王宮を脱出した閔妃は，朝鮮駐屯の清軍を頼る。清は反乱鎮圧などを口実に漢城（ソウル）に増派し，反乱を指揮したとして大院君を清に幽閉した。この結果，閔妃は，清に依存を深めていくことになった。

日本も日本公使館警備のために条約を結び，朝鮮に派兵した。これが日清戦争の原因となる。

開化派は閔妃の清服属に反発し84年，クーデター「甲申政変」を決行する。清や閔妃一族に実権を握られていた高宗もクーデターを快諾した。しかし，閔派の通報を受けた清が1,500名を派兵し，高宗の求めで王宮警護に就いていた日本公使館警備部隊150名との間で戦闘となった。結局，クーデターは３日で制圧された。

その後，日清間で1885年，双方の撤兵と，やむを得ず出兵するに当たっての事前通告義務をうたった「天津条約」を締結する。条約により日本は，朝鮮の独立を担保しようと考えた。

日清開戦は，一旦は回避されたものの，以降も止まぬ混乱の連鎖で，両国の緊張は高まっていた。

清の威を借る閔妃派の「事大政策」の陰で，高宗はロシア南下を警戒する英国などを牽制すべく，ロシアに積極的に秋波を送る。同時に，欧米に盛んに公使を派遣した。清は警戒を強め，日本の要請もあり，大院君を朝鮮に帰すことにした。

役人の汚職や増税に怒る農民が新興宗教と結び付いて94年「甲午農民戦争」を起こす（大院君の陰謀説がある）。一揆は朝鮮軍を撃破し続け，閔妃派はまたも清に援軍を求める。

戦争直前には，日本の支援で閔妃派排除のクーデターを起こし，開化派＋大院君派は政権を樹立した。しかし，戦時中，大院君は開化派の暗殺をくり返し，前述の新興宗教・農民勢力と清軍に工作し，日本軍を挟撃しようとした。

日本の日清戦争勝利で朝鮮は清の冊封体制からようやく脱却することとなった。大院君派が再び力を付け，清という後ろ盾を失った閔妃派は衰退した。

閔妃派は1895年，ロシア軍の支援で権力を奪還するも3ヶ月後，閔妃は暗殺される。

《閔妃（ミンピ）》

李氏朝鮮の第26代王高宗の妃閔妃（1851～1895）は，国王の正妃として権力を持ったが，閔氏一族を中心に反対派を糾合し，親族を政府の要職に登用する勢道政治を行っていたことから官吏の汚職が蔓延・国庫の浪費をもたらし，義父興宣大院君との権力闘争により政局を混乱させた。

日本の指導で開化派政策を取っていた時代に政治的に対立していた大院君派と旧朝鮮軍（旧式軍隊）らによる暗殺未遂事件を生き延びたが，後に親清，更には親露に転じた（壬午事変）。

親露時代に朝鮮訓錬隊・朝鮮警務使・朝鮮人開化派・大院君派など閔妃の国政壟断に不満を持つ朝鮮人と共に，日本軍守備隊・領事館警察官・大陸浪人らが王宮内に侵入する「乙未事変」で，閔妃は景福宮・乾清宮内において日韓の反閔妃連合に暗殺された。

第2節　東学農民運動と日清駐兵

明治27年（1894）1月上旬，重税に苦しむ朝鮮民衆が宗教結社東学党の指導の下で蜂起し，大規模な農民反乱が勃発した。

李朝の自力鎮圧が不可能なことを悟った李氏朝鮮政府は，宗主国の清国に来援を求めた。

清国側の派兵の動きを見た日本政府も先年締結した天津条約に基づいて，6月2日に日本人居留民保護を目的とした兵力派遣を決定し，5日に大本営を設置した。

日本側も部隊を送り込んできたことを危惧した朝鮮政府は急いで東学党と和睦し，6月11日までに農民反乱を終結させて日清両軍の速やかな撤兵を求めた。

日本政府は朝鮮の内乱はまだ完全には収まっていないと主張して，安全保障のための内政改革の必要性を唱え，15日に日清共同による朝鮮内政改革案を清国側に提示したが，清国政府はこれを拒絶した上で日清双方の同時撤兵を提案した。

これを受けた日本政府は24日に朝鮮内政改革の単独決行を宣言し，清国政府に最初の絶交書を送った。

同時に日本の追加部隊が朝鮮半島に派遣され，6月30日の時点で清国兵2,500名に対し，日本兵8,000名の駐留部隊がソウル周辺に集結した。

1894年7月上旬，日清同時撤兵を主張する朝鮮政府及び清国側と，朝鮮内政改革を要求する日本側の間で交渉が続けられたが決裂状態となり，14日に日本政府は二度目の絶交書を清国側へ通達した。

一方，日本はイギリスとの外交交渉を続けており，7月16日に日英通商航海条約を結ぶことに成功した。

懸案だった日清双方に対するイギリスの中立的立場を確認した日本政府は，翌17日に清国との開戦を閣議決定し，23日に朝鮮王宮を事実上占拠して高宗から朝鮮独立の意志確認と清国兵追放の依頼を引き出した。

この大義名分の下，7月25日の海戦と28日の陸戦によって清国駐留部隊を駆逐し，ソウル周辺を勢力下に置いた日本は，8月1日に清国に対して宣戦布告した。

第3節　日清戦争の経過

1894年8月から，日本軍は朝鮮半島の北上進撃を開始した。

清国陸軍を撃破しつつ9月中に朝鮮半島を制圧した後に鴨緑江を越え，翌1895年3月上旬に遼東半島をほぼ占領した。

日本海軍は1894年9月の黄海の艦隊決戦に勝利して陸軍北上のための海上補給路を確保した。

1894年11月に陸軍が遼東半島の旅順港を占領し，翌1895年2月には陸海共同で山東半島の威海衛を攻略して日本軍は黄海と渤海の制海権を掌握した。この戦争の鍵は制海権の掌握であった。

近代化された日本軍が中国本土へ自由に上陸出来るようになったことから，清国の首都北京と天津一帯は不利となり，清国は戦意を失った。

1895年3月20日から日清両国の間で講和交渉が始まり，4月17日に講和が成立した。

両軍の交戦地になったのは，朝鮮半島と遼東半島と満州最南部および黄海と山東半島東端であった。

《日本側の宣戦詔勅》

『清国ニ対スル宣戦ノ詔勅』（明治27年（1894）8月1日詔勅）では，朝鮮の独立と改革の推進，東洋全局の平和などが謳われた。

戦争目的としての朝鮮独立は，「清の勢力圏からの切り放しと親日化」あるいは「事実上の保護国化」と考えられている。それらを図った背景として，ロシアと朝鮮の接近や前者の南下政策等があった（日本の安全保障上，対馬などと近接する朝鮮半島に，ロシアやイギリスなど西洋列強を軍事進出させないことが重要であった）。（図7.1参照）

《朝鮮独立論》

日清戦争の原因について開戦を主導した外務大臣陸奥宗光は「元来日本国の宣言するところにては，今回の戦争はその意全く朝鮮をして独立国たらしめんにあり」と回想した（『蹇蹇録』岩波文庫 p.277）。

三谷博・並木頼寿・月脚達彦編集の『大人のための近現代史』（東京大学出版会，2009年）においては，「朝鮮はそれ以前の近世における国際秩序に

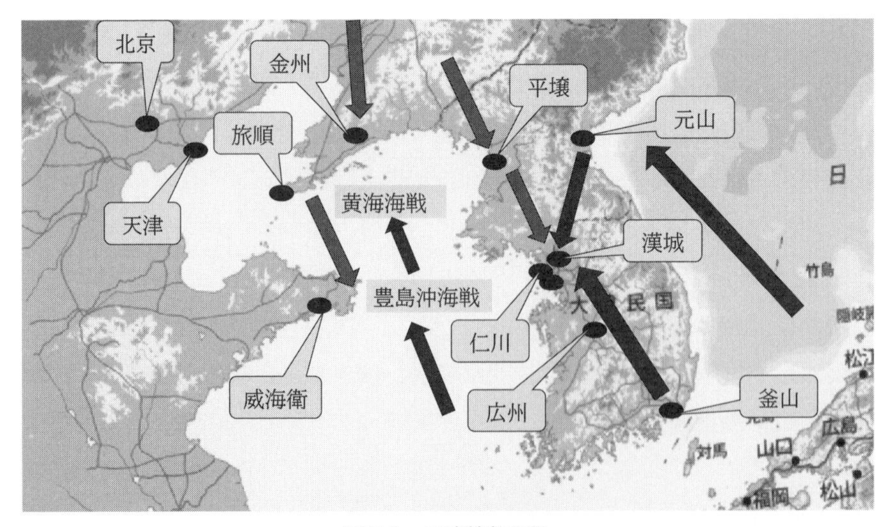

図7.1　日清戦争の図

（出所：国土地理院cevtorより著者作成）

おいては中国の属国として存在していた。それに対して近代的な国際関係に入った日本国は，朝鮮を中国から切り離そう，独立させようといたします。いわば朝鮮という国の国際的な地位をめぐる争いであったということ」と記されている。

《清国側の立場》

国は，西欧列強によるアジアの植民地化と日本による朝鮮の開国・干渉とに刺激された結果，清・朝間の宗主・藩属（宗藩）関係（「宗属関係」「事大関係」ともいわれ，内政外交で朝鮮の自主が認められていた）を近代的な宗主国と植民地の関係に改め，朝鮮の従属化を強めて自勢力下に留めようとしていたのである。

第4節　日清講和条約

明治28年（1895）4月17日に調印された日清講和条約の中で，日本は李氏朝鮮の独立を清国に認めさせた。

日本は清朝に，台湾，澎湖諸島（ほうこしょとう），遼東半島を割譲させ，賠償金として2億両（1両＝銀37g）を獲得した。また，日本に対する最恵国待遇も承認させた。

講和直後の23日に露仏独三国の外交要求が出された事で，日本は止む無く遼東半島を手放すことになった。

《下関条約の内容》

（1）朝鮮の独立を認めること。（直後，朝鮮は大韓帝国と国名を変え，独立を宣言する）

（2）遼東半島を日本に譲渡する。

（3）台湾を日本に譲渡する。

(4) 澎湖諸島(ほうこしょとう)を日本に譲渡する。

(5) 賠償金2億両を日本に支払う。(当時の日本の国家予算の2倍以上の額)

(6) 日清通商航海条約締結(清に欧米と同条件の不平等条約を日本とも結ばせた)

《賠償金(2億両)》

下関条約で獲得した賠償金(2億両)の主な使途は以下のようなものである。

日清戦争戦費	22%	海軍拡張費	46%	陸軍拡張費	16%
皇室財産	5%	教育基金	3%	災害準備金	3%
その他	5%				

すなわち,戦費の84%のほとんどは,イギリスへの軍事関連物資の輸入代金の支払として消えたのである。すなわち2億両の金の多くはイギリスが持ち去ったのである。

第5節　台湾上陸

1895年5月下旬に日本軍は領有権を得た台湾に上陸し,11月下旬までに全土の平定を終えた後に日本は行政機構を敷いた。

台湾の軍政が民政へと移行された明治29年(1896)4月1日に大本営が解散した。

この日清戦争の勝利によって,日本はアジアの近代国家と認められて国際的地位が向上し,イギリスとの同盟の成果としてイギリスとの協調関係を築いた。

《植民地台湾の一学生と佐賀人下村湖人》

昭和11年,日本青年館発行の月刊雑誌『青年』に『次郎物語』の連載がはじまり，16年に第一部が単行本として出版された。その著者は佐賀県千歳村（千代田村）に生まれた下村湖人である。

下村湖人は明治17年10月3日，次男として生まれた。本名は虎六郎。生後まもなく里子に出され，大正2年下村家長女菊千代と結婚する。翌年に実父が病死，そして実家は一家離散の数奇な運命をたどる。この体験が『次郎物語』の下敷きになっている。

下村湖人は教職の途を歩み，佐賀中学赴任，昭和6年台北高校長を最後に上京し，田沢義鋪のもとで，大日本連合青年団の無給嘱託となり，昭和8年4月，浴恩館（日本青年館分館）に開設中の青年団講習所長となった。

下村湖人は鹿島中学校長から唐津中学校長にもどり，職員，生徒の敬愛を集めていたところ，台湾に渡ることとなった。当時の台湾総督府長官後藤文夫は台湾の学校に反日運動が盛んになり，手を焼き，内地の校長を物色しているうちに，白羽の矢が湖人に立った。

その招きに感激して台湾行きを決意するが，唐津中学の職員，生徒はそれを承知せず「松浦の哲人を去らしめるな」と反対運動が起こった。下村湖人は声涙ともに許しを乞い，台湾教育に使命を感じて渡台した。

下村湖人は台北一中の校長に赴任，ストライキを見事に収め，台北高校（現台北大学）の校長に抜擢された。そこで前校長時代からくすぶっていた事件が爆発して大きなストライキが生じたために，下村校長は生徒数名を退学にしておさめ，その後，そのストライキをあおった教員何名かをクビにし，逆に退学させた生徒を全部復学させた。そのことを総督府に無断で行ったことから風当たりが強くなり，下村湖人はさっさと辞表をたたきつけ東京に引き上げた。

しかし家族は多く，食うに困る状態となり，長男覚氏を残して一家は帰国の船に乗った。その時の歌がある。

“われひとり島に残るとほこらしく別れに堪へて泣かざりし子よ”（覚14

歳）。

このストライキ事件の該当者の学生の一人が李登輝氏である。李登輝氏は後に中華民国総統となり台湾を統治した台湾民主化後の初の選挙で選ばれた台湾総統である。

縁があって毎年李登輝氏のお宅や研究所を訪問して私のゼミ生に講義をしていただいていた。

下村湖人について「その時の態度と処理能力と決断力に感動した」と説明されていた。そして，「今でも，下村湖人先生の家族を毎年招待して感謝を表している」と私のゼミ生たちにお話しされていた。

《古賀峯一と下村湖人》

連合艦隊司令長官古賀峯一と下村湖人は，佐賀中学校（県立佐賀西高校）の同級生である。彼は下村湖人著の「次郎物語」に登場する新賀峯生のモデルであるらしい。

以下は，元鹿島市長桑原允彦氏から聞いた話である。大東亜戦争が始まったときに古賀峯一は下村湖人に「この戦争は負けるだろう。戦後の日本を立て直すのはお前達教育者の仕事だ。日本の子供たちの教育を頼む」と語ったそうである。

付　論　征韓論と日清戦争

《征韓論》

明治元年（1868），日本の新政府は王政復古を朝鮮政府に通告する書契を発送した。しかし，朝鮮政府は書契の格式が以前とは違うという理由で受付を拒否した。

この返書に対して日本では朝鮮を征伐しなければならないという主張が

提起された。これを「征韓論」という。

1873年，日本政府は朝鮮に使臣を派遣する問題で対立し，政争で押された西郷隆盛と板垣退助などが辞職した。この事件は1873年政変または明治6年政変と呼ばれるが，政変の背景に朝鮮出兵議論があり，征韓論政変ともいわれる。

明治3年（1870）2月，明治政府は佐田白茅，森山茂を派遣したが，佐田は朝鮮の状況に憤慨し[50]，帰国後に征韓を建白した。9月には，外務権少丞吉岡弘毅を釜山に遣り，明治5年（1872）1月には，旧対馬藩主の宗義達を外務大丞に任じ，9月には，外務大丞花房義質を派した。李朝では排日の風が強まり，4月，5月には，釜山において官憲の先導によるボイコットなども行われた。

参議西郷隆盛は即時出兵には同意せず，自ら使節になろうとし，板垣退助，後藤象二郎，江藤新平，大隈重信，大木喬任の諸参議が賛同して一旦内定したが，正式決定は岩倉使節団の帰国を待つこととした。

使節団帰国後も，遣使問題は延引され，大久保利通と副島種臣の参議就任を待って賛否両論が闘わされた。岩倉具視，大久保，木戸孝允らは遣使に反対し，病に倒れた太政大臣三条実美に代わって閣議を主導した太政大臣代行の岩倉の要請を天皇が勅裁するという体裁をとり，10月24日，閣議決定は無期延期とされた。同日，西郷が参議と近衛都督を辞任し，翌25日，板垣，副島，後藤，江藤が下野した。以後，佐賀の乱や西南の役に繋がる。

翌々年の明治8年（1875）には朝鮮国に軍艦を派遣し，武力衝突となった江華島事件の末，日朝修好条規を締結した。

50　政権を握った大院君は「日本夷狄に化す，禽獣と何ぞ別たん，我が国人にして日本人に交わるものは死刑に処せん。」という布告を出した。

《西郷隆盛と征韓論》

征韓論の中心的人物とされていた西郷隆盛は単なる征韓を意図しておらず，西郷は板垣らが主張する即時朝鮮出兵に反対し，李朝の開国を勧める遣韓使節として朝鮮に赴くというものであったであろう。

西郷が「死に場所を求めて征韓論を提唱したといった」意味は，その覚悟を説明しているのである。「西郷は，李朝に攻め込む発想は全くなかった」と考えるべきである。

第8章　日露戦争

第1節　日露戦争

日露戦争は，明治37年（1904）2月～明治38年（1905）9月にかけて大日本帝国とロシア帝国との間で行われた戦争である。

日清戦争直後の三国干渉の後，満洲（中国東北部）と朝鮮半島の支配権を巡る争いが原因となって引き起こされた。陸戦では満洲南部の遼東半島（旅順）や奉天が主な戦場となり，海戦では日本近海にて大規模な艦隊戦が繰り広げられた。日本海海戦である。

最終的に両国はアメリカ合衆国政府の斡旋の下で，講和条約としてポーツマス条約を締結した。

講和条約の中で日本の朝鮮半島における権益をロシアが認め，ロシア領であった樺太の南半分が日本に割譲された。また，日本はロシアが清国から受領していた大連と旅順の租借権，東清鉄道の旅順－長春間支線の租借権も獲得した。

しかし戦勝国としての賠償金を日本は獲得することはできず，日本は巨額な借金を対外的に負うようになった。このことから，戦後，政府に対する不満が軍人や民間人などから高まった。

第2節　日露戦争と日本の公債

日露戦争に際して，日本はイギリスやアメリカを中心として欧米から5回にわたって，以下のような借り入れ条件のもとで，合計10,700万ポンド（10億7,000万円）の外債を発行した[51]。

《第1回　6％ポンド建て日本公債》 1904年5月7日

公債発行総額　1,000万ポンド　　利率　6％
発行価格　93.5　　政府手取　90.0
償還期限　7年（関税収入を以て元利償還を担保すること）
発行金利　6.42％（7.2％）　　調達金利　6.67％（7.89％）

《第2回　6％ポンド建て日本公債》 1904年11月14日

公債発行総額　1,200万ポンド　　利率　6％
発行価格　90.5　　政府手取　86.5
償還期限　7年（関税収入を以て元利償還を担保すること）
発行金利　6.63％（7.79％）　　調達金利　6.92％（8.61％）
発行銀行　ロンドン　600万ポンド　ニューヨーク　600万ポンド

《第3回　6％ポンド建て日本公債》 1905年3月20日

公債発行総額　3,000万ポンド　　クーポン　4.5％
発行価格　90ポンド　　賞味受け取り　85.5

51　1905年の日本の国内総生産は，30億8,400万円であり，政府の経常支出は4億6,500万円である。この合計10,700万ポンド（10億7,000万円）の外債の発行額の規模がいかに大きいかがわかるであろう。

償還期限	20年（担保　たばこ税）		
発行金利	5%（5.32%）	調達金利	5.26%（5.73%）

《第4回　6%ポンド建て日本公債》 1905年7月11日

公債発行総額	3,000万ポンド	クーポン	4.5%
発行価格	90ポンド	賞味受け取り	85.5
償還期限	20年（担保　たばこ税）		
発行金利	5%（5.32%）	調達金利	5.26%（5.73%）

《第5回　6%ポンド建て日本公債》 1905年11月28日

公債発行総額	2,500万ポンド	クーポン	4.0%
発行価格	90ポンド	政府受取額	88
償還期限	25年（担保　たばこ税）		
発行金利	4.44%	調達金利	4.54%

第3節　対外債務返済計画

《日本政府が毎年支払う元本と利子》

この借り入れ条件に従って，日本政府が毎年支払うべき元本と利子の必要合計額を計算すると，次のようになる。

1906年から1911年にかけては，1,000万ポンド（1億円）を超える支払いが必要である。その後，1912年から1925年までは670万ポンド（6,700万円）から次第に逓減して，440万ポンド（4,400万円）まで減少する。

1926年から1930年にかけては，120万ポンド（1,200万円）から104万ポンド（1,040万円）まで減少する。これが公債発行による日本政府の返済計画であった。

第4節　困難な対外債務返済計画

図8.1は，日本政府の経常支出額と日露戦争の際の債務返済計画に必要な額を比較した図である。

1905年の日本の国内総生産は，30億8,400万円であり，政府の経常支出は4億6,500万円である。

1910年には，39億2,500万円であり，政府の経常支出7億1,300万円である。到底返済できる数字ではないことが明白である。当初，日本政府は日露戦争後のロシアからの賠償金による返済を充てにしていた感がうかがわれる計画である。

なぜならば，当時の日本経済の実力から考えて不可能な返済計画であったからである。 この間にドルを買い占めた大銀行が莫大な利益を上げた

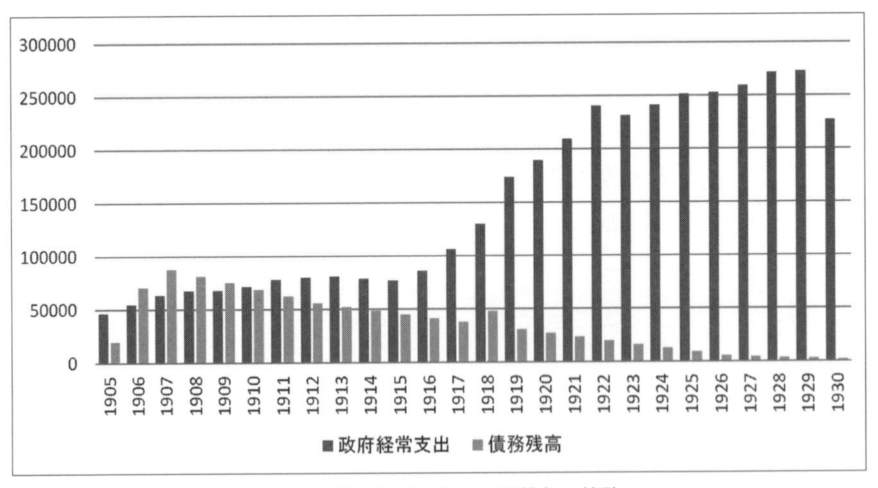

図8.1　政府経常支出と日露戦争の債務

（出所：大川一司・他著「長期経済統計1国民所得」，第7表，海外収支（帝国　純計），昭和49年，東洋経済社より作成）

ことは明らかであり，これが国民世論における大手銀行を抱えた財閥への非難と軍部の対外進出路線への支持に転化する一因となったのである。

これに対して政府は企業に合理化を進めさせ生産費を抑えるよう促した。また，「カルテル」によって，企業同士で価格や生産量の協定を結ばせ行き過ぎた競争を抑えようとした。

《日本政府は借り換え債を発行》

日本政府は借り換え債を発行することによって，日露戦争時の公債返済計画を長期化させて来たのである。

このような日本政府の対外債務返済問題を考慮するならば，井上準之助の旧平価による金解禁とは，円高によって国民に与える返済計画の負担を低下させるために考慮した英断であったと考えるべきではないだろうか。

第5節　日本海海戦

日本海海戦は，日露戦争中の明治38年（1905）5月27日～5月28日，大日本帝国海軍連合艦隊とロシア帝国海軍の第2・第3太平洋艦隊との間で行われた海戦である。

この海戦の主力決戦は，対馬島東方沖と壱岐島・沖ノ島の間の海域であったため，「対馬沖海戦」（Battle of Tsushima）と呼ばれている。

東シナ海からウラジオストク港を目指し対馬海峡を東方向に突破しようとしたバルチック艦隊を連合艦隊が阻止・邀撃した海戦である。

ロシアのバルチック艦隊は東シナ海を越えて九州西南方から対馬海流に乗って北上し，対馬島を通過して日本海を東北方向に進み，シベリアのウラジオストックに向かったのである。これを迎える日本海軍は対馬島の西南側からバルチック艦隊を捉え北上する。

日本海軍の主力である連合艦隊は，韓半島南の鎮海湾から出港して対馬島の北方からバルチック艦隊を迎え撃つかたちになった。いわゆる丁字作戦（T字作戦）である（図8.2参照）。

この海戦によってバルチック艦隊は艦艇のほぼ全てを損失した一方で，連合艦隊の被害は小艦艇数隻のみの喪失に留まり，日本の連合艦隊は圧倒的な勝利を収めた。

この日本海海戦の勝利の裏には，優秀な下瀬火薬（しもせかやく）と無電があった。

《丁字戦法・T字戦法》

丁字戦法（ていじせんぽう），またはT字戦法（Crossing the T）とは，砲艦同士の海戦術の一つである。

敵艦隊の進行方向をさえぎるような形で自軍の艦隊を配し，前後両方の

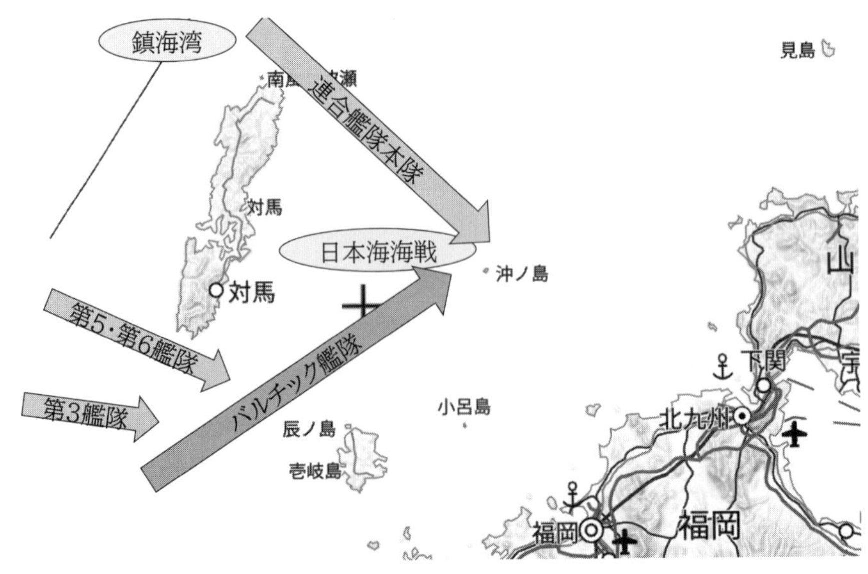

図8.2　日本海海戦と日露友好の丘

（出所：国土地理院cevtorより著者作成）

砲による全火力を敵艦隊の先頭艦に集中させて各個撃破を図る戦術を指す。

「丁字をえがきなるべく敵の先頭を圧迫する如く運動し且つ臨機適宜の一斉回頭を行い敵に対し丁字形を保持するに努めんとす」る（開戦前に定められた「連合艦隊戦策」）作戦である。

日本海軍において，日露戦争およびその後，主力艦が同航戦を行いつつ補助艦が丁字戦法をとる戦術思想が組まれ，第1艦隊（戦艦など）と第2艦隊（巡洋戦艦など）が主力決戦用に編成された。この2つの艦隊は決戦時に統一運用されるために，この2つの艦隊を統合する連合艦隊が常設された。

《敵艦見ゆ》

山本権兵衛の兄の子に山本英輔がいる。彼は，戦闘艦同士の通信手段としての無電の重要性を早くからみぬき，日本海軍屈指の無電の権威になっていた。山本英輔は無線電信が日中よりも夜間，そして低気圧下よりも高気圧下の方が無電の機能が良いことも発見して，東京の海軍省へ報告している。

日本は，日露開戦までに，自国製の無電装置を全艦に取付ることがきていた。これらは，97 km，ときにはそれよりはるかに長距離の受信性能をもつ優秀な装置であった。公式名称は三六式無線電信機と呼ばれている。

5月27日の午前2時45分，靄（もや）のかかった薄暗がりの中で，補助巡洋艦「信濃丸」の成川揆（なりかわ き）大佐は，正体不明船をみつけた。

「信濃丸」は，完全に灯火を消し，一時間半尾行した。4時30分頃，正体不明船はロシアの病院船「アリョール」であった。

突然靄がはれはじめ，信濃丸は，バルチック艦隊のまっただ中にいた。近くにいる敵の数艦は，「信濃丸」に砲口を向けていた。そのとき霞が降りて，「信濃丸」はその中に隠れた。無電通信兵は，「敵艦見ゆ」・「位置

——四角形二〇三——」[52]の信号を，繰返し，繰返し送った。

「信濃丸」の警報は，対馬島東の姫砲台の傍の三浦湾にいた片岡提督の旗艦「厳島」が最初に受信し，直ぐに「三笠」の無電室へ中継された。連合艦隊司令長官東郷平八郎へこの電報がもたらされたのは，午前5時を少し過ぎたときであった。

朝鮮半島の南の鎮海湾に居た「三笠」には既に埋設されていた「海底ケーブル」によって伝えられたそうである。

《「天気晴朗ナレドモ波高シ」の意味》

「本日天気晴朗ナレドモ波高シ」

「敵艦見ユトノ警報ニ接シ，聯合艦隊ハ直ニ出動，之ヲ撃滅セントス」

ロシア艦隊の黒煙が水平線に見え始めた時，旗艦「三笠」の艦上に「Z旗」が掲揚された。「Z旗」は引き船が欲しいという意味を持つ信号であるらしい。しかし秋山真之らは後がないという現状を，「Z旗」にかけて艦上に掲揚したのである。そのとき乗組員に発した言葉が以下の有名な句である。

「皇国ノ興廃此ノ一戦ニ在リ，各員一層奮励努力セヨ」

日本の興廃はこの海戦で決まる。勝利のために全力を尽くせよ，という意味である。これに続く伝文が「天気晴朗ナレドモ波高シ」という文章である。

以下の話は，この「天気晴朗ナレドモ波高シ」の意味について海上自衛隊の護衛艦の艦長であったある大佐（一佐）に聞いた話である。

「天気晴朗」とは，「視界良好で取り逃すことはない」という意味である。ところで，「波高シ」とは，「機雷を設置しているから気を付けるよう

52　この番号は，乃木将軍が占領して旅順港陥落と第一太平洋艦隊の全滅を導いた二〇三高地と番号が同じだったことは，偶然である。

に」という意味であった。

バルチック艦隊の艦船の損害は，沈没21隻（戦艦6隻，他15隻，捕獲を避けるため自沈したものを含む），被拿捕6隻，中立国に抑留されたもの6隻。兵員の損害は戦死4,830名，捕虜6,106名である。捕虜にはロジェストヴェンスキーとネボガトフの両提督が含まれていた。

連合艦隊の損失は水雷艇3隻沈没のみ，戦死117名，戦傷583名とロシア艦隊と比較して比較的には軽微である。

対馬沖海戦は世界初の機雷と無線網が活躍した海戦であったのである。

付論1　対馬島の日露友好の丘

対馬島の上対馬町西泊に日露友好の丘がある。日本海軍とロシアのバルチック艦隊が戦った日本海海戦（Battle of Tsushima）の記念碑が建造されている。

日本海海戦で航行不能となったロシアバルチック艦隊のウラジミル・モノマフ号は，海流に流されて対馬島の東側のこの西泊の地に流れ着いたのである。

水兵143名は，4隻のボートに分乗し，この地に上陸した。地元で農作業をしていた農婦達は，この水兵達を水の湧き出す泉へ案内し，夜は西泊の民家へ分宿させるなど，手厚く持てなしたという。

この記念碑に刻まれている「恩海義嶠」（めぐみのうみ，ぎはたかし）の文章は，この話を聞いて感銘を受けた東郷平八郎元帥によるものである。

その意味は，「戦争で死の海となった対馬の海が恩愛の海となった。対馬の人たちの義は気高いものだ」という意味である。

この日露慰霊の碑には，犠牲になられた日本とロシアの方々の名前が刻まれている。

付論2　生月島の「鯨取り」と日本海海戦

先に紹介した海上自衛隊のイージス艦の艦長に聞いたもう一つの話がある。

日本海海戦の作戦を考えた連合艦隊参謀真之秋山は，九州の海岸線から玄界灘，対馬島・壱岐島などのこの周辺の海域の歴史と文化を徹底的に調べたそうである。

ならば，生月島の「鯨取り」の歴史も調べたはずであるというのが私の思いである。

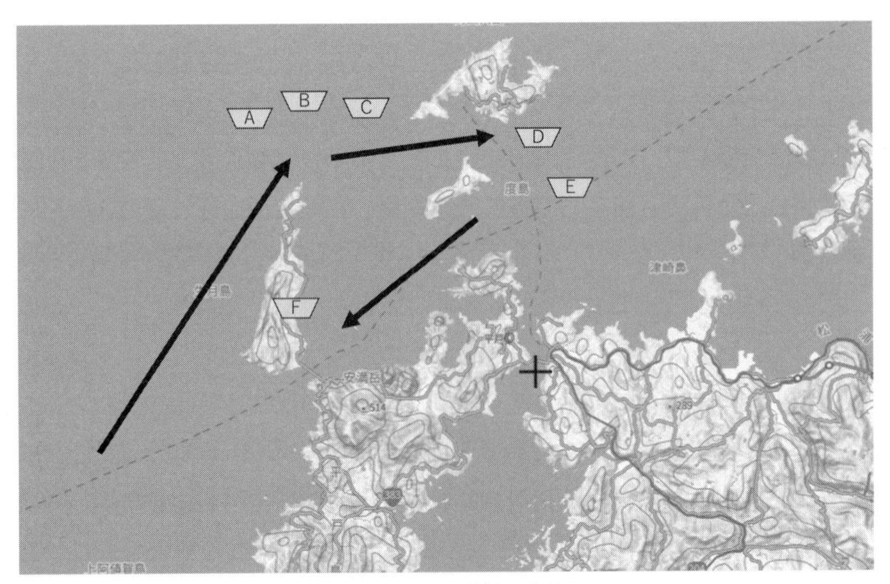

図8.3　生月の鯨取り漁法

対馬海流に乗って泳いでくる鯨の群れを的山大島で待ち伏せ，舟で囲い込み，網で包み込んで，銛で刺して弱らせて，生月島海に誘導する漁である。

（出所：地理院地図vectorより著者作成）

長崎県平戸島と生月島，そして，的山大島の間の海では，産業としての捕鯨が根付いていた[53]。

1725年から捕鯨業に進出した生月島の「益冨組」は，最盛期の19世紀前期には5つの組を経営し，3,000人を雇用する日本最大規模の鯨組となっていた。

無数の手漕ぎの船が対馬海流に乗って東上する鯨を囲んで，網を用いて取り囲み銛で刺して捕まえるという方帆の捕鯨法は，江戸時代を通じて発展していた記録がある。

秋山真之の丁字戦法と機雷作戦とは，敵艦隊の前に一列となって艦砲射撃をすることによって，バルチック艦隊（鯨）の行く手を妨げ，撃ち漏らした敵艦を「一斉回頭を行い敵に対し丁字形を保持するに努め」逃げようとする敵艦を周辺の海域に配置している機雷（網）によって打ち取るという戦法だったのである。

53　平戸市生月町に博物館「島の館」がある。

第９章　金本位制の経験

第1節　日本の経験

図9.1は，日本が金本位制を採用していた時期である1896年から1931年の国際収支と正貨移動（金の移動）についての表である。この表から日本経済の経験において，国際収支と金の正貨移動との間に「金本位制のルー

西暦	国際収支	金銀	西暦	国際収支	金銀
1896	26.1	−32.7	1914	−29.5	20.3
1897	−58.9	−67.5	1915	238.7	20.2
1898	−44.1	40.7	1916	656.4	−73.1
1899	20.5	−10	1917	990.6	−238.4
1900	−57.7	46.5	1918	795.3	−4.1
1901	10.4	3.7	1919	325.3	−322.4
1902	27.3	−33.6	1920	−70.8	−416.1
1903	−7.6	−9.3	1921	−237.4	−141.3
1904	−130.6	74.6	1922	−182.9	0.3
1905	−326.3	−14.4	1923	−453	5.1
1906	−24.7	0.7	1924	−543.6	−4.1
1907	0.5	10.4	1925	−201.8	21.9
1908	−67.2	−16.5	1926	−353.4	34
1909	15.6	−72.9	1927	−146.1	41
1910	−45.8	7.5	1928	−173.7	0.6
1911	−107.9	18.2	1929	15.5	2.6
1912	−142	16.6	1930	−28.9	288.2
1913	−138.5	26	1931	−57.4	387.3

図9.1　国際収支と正貨移動（1896～1931年）　単位：百万円，当年価格
「金本位制のルール」を護りながらも「正貨移動」が逆方向に現れるという自転車操業的な正貨移動が生じた。

（出所：大川一司・他著「長期経済統計1国民所得」，第7表，海外収支（帝国　純計），昭和49年，東洋経済社，より作成）

ル」が守られていなかったことが説明されるのである。

下記の図9.2は，図9.1のデータを基にして描いたグラフである。横軸に国際収支をとり，縦軸に正貨移動（金）の額をとっている。

日本と貿易相手国が互いに「金本位制のルール」を守っていると考えるならば，日本の国際収支が黒字の場合には，正貨が流入し，国際収支が赤字の場合には正貨が流出するはずである。

このような関係を横軸に国際収支をとり，縦軸に正貨移動額をとってグラフで表すと正相関（右上がりで描かれる関係）が想定されるはずである。

図9.1においては，日本経済が国際収支の黒字に直面している時期には，正貨が流出し，国際収支が赤字の場合には正貨が流入していることがわかるのである。そのような関係を反映して，グラフは負の相関関係（右下がり

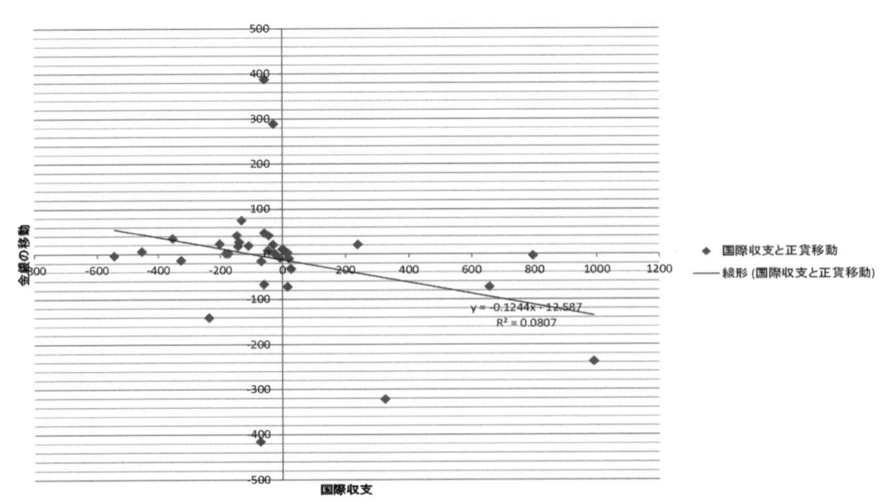

図9.2　国際収支と正貨移動（1896～1931年）

「金本位制のルール」を護りながらも「正貨移動」が逆方向に現れるという自転車操業的な正貨移動が生じた。

（出所：大川一司・他著「長期経済統計1国民所得」，第7表，海外収支（帝国　純計），昭和49年，東洋経済社，より作成）

で描かれる関係）として描かれているのである。第一次世界大戦後の一時期は金輸出禁止政策を採用している。

決定係数は低い値（R＝0.0807）を示しているので，強い負の相関ではない。

《国際収支が黒字の際に過去の債務の返済を進める》

このことは，日本は国際収支が黒字の時に正貨を流出させ，赤字の時に正貨を流入させていることが説明されるのである。「金本位制のルール」を守りながら，しかも正貨の移動が逆に表れる原因としては，次のことが考えられる。

日本経済の国際収支が黒字の際に過去の債務の返済を進め，国際収支が赤字の際には，貿易決済のために必要な金を輸出するために海外から新規の借り入れを行って必要な額以上の正貨を流入させているのである。

このように「金本位制のルール」を守りながらも「正貨移動」が逆方向に現れるという自転車操業的な正貨移動が生じた原因は，日露戦争以来の対外債務の存在とその返済のための借り換え債による対外債務の膨張という事態に常に翻弄される日本の通貨当局の政策が強く反映されていると考えられるのである。

第2節　井上準之助の無念

日本は清国から韓国の李朝を独立させるために日清戦争（1894~1895）で清国と戦い，ロシアの中国や韓半島への進出をくい止めるために日露戦争（1904~1905）でロシアと戦った。

中国大陸への侵略の野心をもつ列強各国は日本を支持して，日本を助けながら，同時に軍事費の対日貿易利益を獲得しながら大陸の利権を分け合おうと画策していたのである。

特に，大英帝国はロシアの脅威を取り除くために日本を資金的に応援して，日本の負債返済の肩代わりとして満州の利権を分け合おうとしたのである。

《賠償金の行方》

日本の軍事支出を賄うための経済的目算は，戦勝国として受け取るべき賠償金であった。

日清戦争の勝利によってもたらされた賠償金によって，その軍事資金の弁済が可能であった日本は，日露戦争においては賠償金を得ることはできず，大量の外債とその返済の義務だけが残ったのである。

日露戦争の際の借金の返済の為に，大蔵大臣井上準之助は，対外的には円高を維持するために旧平価による金解禁政策と対内的には緊縮財政による企業の淘汰を想定して，強力な経済政策を進めたのであった。

しかし，世界恐慌と昭和恐慌によって，景気の停滞と軍部の台頭を招き日本は大東亜戦争（第二次世界大戦）に突入していくのである。

《巨額の対外債務と金解禁》

日本経済は日露戦争以前の時期迄は外国からの借り入れなしに経済運営が行われてきた。

しかし，日露戦争の際に借り入れた巨額の対外債務によって，日本経済は巨額の外国債に依存する経済になってしまったのである。ロシアからの賠償金もなかったために対外負債の返済に追われる経済運営となったのである。

「国内の民間資金の不足を補うために，内国債の償還を新たな外国債の借り入れによって行い，さらに地方債や社債の海外募集まで行ったため，

1910年末には，日本の対外債務累積高は総額17億7,718万円（うち内国債14億4,722万円）に達した」（石井寛治著，「日本の産業革命」，朝日選書581，1997年，p.208）。

付　論　企業の国際競争力を蓄えれば，やがて日本経済は対外債務から脱却できる

日露戦争時の対外債務は，「第一次世界大戦の「天佑」によって返済がなされた」（板谷敏彦著，「日露戦争，資金調達の戦い」，新潮選書，2012年，p.446）と板谷敏彦氏は説明するが，井上準之助の時代には，借り換え国債の中には多くの対外債務が残っていた。

対外債務の返済のためには，金解禁の際には円高復帰が望ましいはずである。しかし国内の経済運営を厳しくして，企業の国際競争力を蓄えれば，やがて日本経済は対外債務から脱却できるはずであったのである。

この「対外債務から脱却」のための経済政策が昭和恐慌の時代の日本の国民の生活に大きな負担となって現れたのである。

第10章　世界恐慌と昭和恐慌

第1節　世界恐慌

《ブラックサーズデー（暗黒の木曜日）》

1929年10月24日（木）から約1ヶ月間，アメリカ合衆国のウォール街（ニューヨーク株式市場）で起きた，「一連の株価の大暴落」のことをいう。「ウォール街大暴落」（世界大恐慌）とも呼ばれる。

1929年10月24日（木）の最初の暴落発生後，10月28日（月）と10月29日（火）に壊滅的な大暴落が起こり，その後，暴落は約1ヶ月間続いて，米国だけでなく世界の株式市場に大きな影響を与えた。

《世界恐慌の経過》

1929年 3月 4日　フーバーが第31代大統領になる。
9月 3日　ニューヨークの証券取引所の平均株価が市場最高値を更新
10月24日（暗黒の木曜日）　N．Y．株式大暴落→6,000の銀行が潰れた
10月29日（悲劇の火曜日）　N．Y．株式大暴落
1930年 6月17日　スムート・ホーリー法が成立

《世界恐慌の始まり》

ニューヨーク市場で好調を極めていたゼネラル・モーターズの株価が，80％も下落した。証券取引所には投資家からの電話が殺到し，この日だけで11人の投資家が自殺した。

この日を境に，アメリカ経済はどん底に叩き落とされた。世界恐慌の始まりである。株価暴落からたった2ヶ月後で，多くのアメリカ人が職を失った。

1931年には802万人，1932年には1,200万人となり，4人に1人が仕事を失った。100万から200万人のアメリカ国民が，食料，仕事，住居を求める時代となったのである。

《「暗黒の火曜日（Black Tuesday）」》

5日後の10月29日（火曜日）に24日以上の大暴落が発生した。株式市場は閉鎖され，株価は9月の約半分に下落した。投資家はパニックに陥り，株の損失を埋めるためさまざまな地域・分野から資金を引き上げた。

第2節　昭和恐慌

昭和4年（1929），米国に端を発した世界恐慌が日本に波及したのが昭和恐慌である。

世界恐慌の影響は，民政党濱口雄幸内閣のもとで慢性的不況からの脱出を図り，金解禁を断行しつつあった日本経済を直撃した。生糸の価格は暴落し，農産物価格が暴落し，企業の休業や倒産が起こり，失業者の増大と，不景気は深刻の度を増した。

この経済の停滞は，対中国外交の行き詰まりともからんで軍部右翼台頭の契機にもなった。

第一次世界大戦後から昭和初期にかけて，戦後・震災（関東大震災）・金融と3度にわたる恐慌を経験した日本経済は，経済回復の間もなく世界大恐慌に直面することとなったのである。しかも，当時は濱口内閣による金解禁と緊縮政策が進められていた時代であった。

正貨（金）の流出とともに不況はその深刻の度合いを増し，ことに農村は対米輸出品であった生糸価格の暴落や米価やその他の農産物価格の激落によって農業恐慌の状況になったのである。

昭和6年に柳条溝の鉄道爆破事件を契機に満州事変が始まり，政府の戦争不拡大方針が失敗して民政党若槻礼次郎内閣が退陣すると，代わって政友会の犬養毅内閣が登場した。

蔵相に起用された高橋是清は，前蔵相の井上準之助の金解禁緊縮政策を廃し，一転して積極財政を採用したために不況感は払拭された。

政府が採用した土木事業などを主とする時局匡救（きょうきゅう）事業の推進や農山漁村経済更正樹立町村の指定，また軍需産業の発展を背景とした労働力需要の増大により，景気も次第に上向きとなり，昭和8年から10年にかけて重化学工業が復興し，日中戦争勃発前後には農村も窮状を脱するようになったのである。

第3節　為替相場の推移

明治維新のとき，1ドル＝2円（50ドル＝100円）の為替相場であった。

明治30年（1897）から第一次世界大戦前の大正2年（1914）頃までの円とドルの関係はほぼ1ドル＝0.5円（2ドル＝1円）であった。しかし，1915年以降，為替相場は変動しながら円安となっていった。

大正13年（1924）以降は1ドル＝2.5円（100円当たり40ドル台）から，1ドル＝2円（100円＝50ドル台）に円高が進んでいる。

世界恐慌発生の時期（1929~1931）の3年間は金解禁のために，1ドル＝2.5円近くを付けたものの，再度の金輸出禁止によって昭和7年（1932）以降は急激に円安が進行し，一時期は1ドル＝5.0円台まで落ちている。

3.1　金本位制のルールと井上準之助

当時の正統派経済学を信奉する井上準之助蔵相は，金本位制度が充分に機能していることを信じて金解禁[54]を実行したと考えられる。

もし，各国が金本位制を離脱せずに，しかも各国が「金本位制のルール」を忠実に守っていたならば，そして，米国ニューヨーク発の世界恐慌（1929）が起こらなければ，すなわち，経済学の常套分析手段である世界市場や日本市場の諸条件が「他の条件にして等しき限り」（ceteris Paribas）の状態が続いていたとすれば，日本の金解禁政策（1930）は井上準之助が信じていたように成功していたはずなのである。

3.2　旧平価か新平価か

金解禁を実施する場合に当時議論された問題は，平価をいくらに設定するかであった。

第一次世界大戦前の日本は，金2分（1/5匁・0.75g）が1円相当（1ドル＝2円5厘＝2.005円）であった。

しかし，金輸出が禁じられてから10年以上を経て，内外の経済状況は大きく変化しており，実際の為替相場は，関東大震災時1923年（大正12年）の1ドル＝2円63銭前後（100円＝38ドル前後）の最安値になり，1928年頃は1ドル＝2円30銭前後（100円＝44ドル）であった。

金輸出禁止前の平価（旧平価）で金解禁するべきか，実体経済に合わせた

54　あるいは，金輸出解禁とは，金貨及び金地金の輸出許可制を廃止して金本位制に復帰すること。あるいは，流通貨幣（略称：通貨）の発行国が，本位貨幣（正貨）に戻ること。

平価（平価切下げ）で金解禁するべきかが議論された。

旧平価（1ドル＝2円5厘）のままでの金解禁は，為替相場において円の過大評価となり，日本の輸出を不振に追い込み，国内の輸入代替財よりもかなり安い輸入価格のもとで海外の商品輸入が増加し，国内企業にとっては不利になることが明らかな問題であった。

そのため，ジェノア会議[55]の決議には，金解禁を行う際に平価を実勢の相場に応じた為替相場に見直すことが含まれていたのである。

しかし，日本経済にとって，旧平価での復帰は不利であった。なぜならば，円高に復帰することを反映して国内に安い輸入品が流入するために，国内企業は競争力を失い日本経済において，不況状態が発生する可能性が高まるからである。

しかし，1930年（昭和5年）1月11日，当初の予定通り「金2分＝1円＝0.49875ドル」（1ドル＝2.005円）の旧平価による金解禁が実施されることになった。井上準之助蔵相はあえて円の過大評価を進めたのである。

《金解禁の実施》

この円高による金解禁政策によって，日本の貿易収支は大幅な赤字となり，為替相場は当時の平価とされていた1ドル＝2円5厘（100円＝49.875ドル）の相場を昭和6年（1931）12月までは保つものの，それ以後大幅に下回ってしまった。

《産業界も旧平価での復帰に反対した》

実際には，会議の時点では解禁していなかった国の中で会議後に金解禁

55　34ヶ国が集まって第1次世界大戦後の貨幣経済についての会議。会議の目的は，中央ヨーロッパと東ヨーロッパを再建する戦略をまとめ，また，ヨーロッパの資本主義経済と新ロシアの共産主義経済との間の調整を行うことであった。

を行った国々は，ほとんどはその経済の実態に合わせた平価切下げを実施していた。

鉄鋼業など重工業関係者は，デフレーションと外国製品の輸入価格の下落による国際競争力の低下を恐れて金解禁に反対する意見も上がっていた。

「新平価論」を唱えていた石橋湛山や経済評論家，そして，アメリカ経済の動向を危惧する三菱財閥の各務鎌吉らは，旧平価での金解禁に強く反対した。

《「新平価解禁論」対即刻解禁》

『東洋経済新報』の石橋湛山は高橋亀吉にグスタフ・カッセルの購買力平価説で説得し，金解禁自体には賛成するが，こうした危惧を払拭するために平価切下げを行った上で金解禁を行うべきであるとする「新平価解禁論」を唱えた。

一方，三井財閥の池田成彬を中心とした金融界は，これ以上の金解禁の遅延は許されないとして金解禁を支持した。

第4節　金輸出禁止政策

昭和7年（1932）1月の「銀行券の金貨兌換停止に関する勅令」の公布施行により，金兌換が停止され，日本は金本位体制から離脱した。

この高橋是清の金輸出禁止政策によって，為替相場は大暴落した。金解禁直前に1ドル＝2.025円（100円＝49.38ドル）で事実上固定された状態にあった相場は，半年で1ドル＝3.333円（100円＝30ドル）を割り，さらに1年後には1ドル＝5.0円（100円＝20ドル）を割り込む事態となった。

その後，政府の介入と恐慌の小康化で昭和9年（1934）頃には100円＝

29ドル（1ドル＝3.450円）前後で安定した。

《井上準之助の失敗の原因》

もし，井上蔵相が適正な平価で金解禁を実施しても，当時，世界各国が金本位制から離脱している状態であったため，いずれ金解禁政策が失敗することは当然であった。

井上財政の金解禁政策失敗の最大の原因は，「世界恐慌」の発生である。世界中が不況になり，日本の輸出が増加せず，不況による物価下落のもとで，企業利益が減少し，労働者は賃金カットや失業問題に直面して，消費者の購買力が低下したのである。

経済は需要減少に直面して，商品を販売するために価格を下げるという「悪循環」（デフレスパイラル）に陥ってしまったのである。

世界大恐慌の中で各国は自国の国内市場を世界市場から切り離し，自国産業を保護するために金輸出禁止に踏み切る政策を採用しようとしていた。このような世界の動きに対して，全く逆の政策を日本は採用したために，日本の金解禁政策は失敗に終わったのである。

第5節　血盟団事件

血盟団と呼ばれる暗殺団によって政財界の要人が多数狙われ，井上準之助と團琢磨が暗殺された[56]。

---

56 「血盟団」とは，俗称であり，「血盟団」とした集団が存在したわけではない。事件の新聞報道では当初「血盟五人組」と呼ばれ，その後は「血盟団暗殺団」・「血盟団」が使われた。

「血盟団事件」という名称は担当の検事木内曾益による命名である。井上が後年出版した獄中手記『梅乃実』の中には「吾々は団体として何の名目も付けて居なかったが，官憲の方で事件発生後勝手に命名した」と書かれている。しかし，井上はこの呼び名を受け入れたという。

《井上日召》

井上日召の周囲に集まったグループを指して，一部の国家主義者たちが「血盟団」と呼ぶようになった[57]。

井上日召（いのうえにっしょう）（1886~1967）は，日本の宗教家であり，政治運動家，テロリストである。本名は井上昭。日蓮宗の信者だが僧侶ではない。「近代日蓮主義運動」の思想的系譜に連なり，戦前の右翼テロリスト集団「血盟団」，戦後の右翼団体「護国団」の指導者を務めた。

海軍の過激派藤井斉中尉や五・一五事件の首謀者の一人愛郷塾塾長橘孝三郎らと知り合い，大日本帝国政府を改造するためには暴力的行動以外に道はないと説得され同調している。

1932年，右翼団体血盟団結成。「一人一殺」主義を掲げ，要人暗殺により国家改造の実現を計画して血盟団事件を引き起こし，無期懲役となった。しかし，1940年，特赦を受けて出獄した。

《三月事件》

井上日召たちは，昭和6年（1931）3月後半，「全日本愛国者共同闘争協議会」（通称は愛協）という団体を作った。

愛協は，本郷で演説会を開いた後，銀座でデモを行い，前衛隊が騒いで混乱を引き起こそうとしたが，警察にデモの解散を命じられて大衆の扇動に失敗した。結局，橋本欣五郎らによるクーデター計画は未遂に終わり（三月事件），それに伴い愛協の存在意義もなくなった。

この頃には，四元義隆は井上日召を介して大洗グループと合流し，また，海軍将校たち（古賀清志，山岸宏，三上卓ら）と四元，井上日召との関係も強まった。6月に日本国民党は内紛で分裂したため，小沼らは国民党に見

57　血盟団の命名は1930年末，当時井上日召が利用しようと考えて関係を深めていた日本国民党が開いた忘年会の席での党委員長寺田稲次郎による発言が発端である。

切りをつけ，行地社に拠点を移した。

《井上準之助暗殺事件》

井上準之助は，濱口内閣で蔵相を務め，金解禁とデフレ政策を断行した結果，日本経済は世界恐慌に巻き込まれて昭和恐慌に陥った。また，軍縮のため予算削減を進めて日本海軍に圧力をかけたために，第一の標的とされていたのである。

小沼正[58]は，井上準之助（前大蔵大臣，民政党総務委員長）の演説会を回り，暗殺実行を考えた。

2月9日夜に井上準之助が本郷駒本小学校で演説を行うことをポスターで知った小沼は本郷の井上日召夫人宅で服を着替え，読誦，拳銃の手入れを済ませ小学校へ出かけた。

井上準之助が自動車を降りて通用門へ入って行くところを背後に近づいて懐中から短銃を取り出し，井上の腰に拳銃を当てて3発発射した。

井上準之助は第1弾を右胸部，第2弾を左腰部，第3弾を脊椎に撃たれた。小沼はステッキで殴られ気絶し，気づいた時には歩道に四つん這いにされ群衆から罵倒，リンチを加えられていた。小沼はその場で駒込署員に逮捕された。一方，井上準之助は帝大病院に搬送されたが間もなく死亡した。

逮捕された小沼は「旧正月帰郷した時，百姓の窮乏見るに忍びず，これは前蔵相のやり方が悪かったから殺意を生じた」と自供した。

小沼は，昭和9年（1934）11月22日に無期懲役となったが，昭和15年（1940）に恩赦で仮出所。戦後，公職追放となり，昭和24年（1949）業界公論社社長を務める。

58　小沼正（おぬましょう）（明治44年（1911）～昭和53年（1978）は，国家主義者・テロリスト・業界公論社社長。別名は広晃。血盟団メンバー。

昭和28年（1958），右翼運動を再開した。右翼反体制派テロの原型を作った人物として，若手を中心とした新右翼などに強い影響を与えた。右翼活動の一環として『一殺多生』も著した。昭和53年（1978），胃がんにより東京都新宿区の病院にて死去。満66歳没。

付論1　日田市大鶴町の井上準之助宅

井上準之助は，明治2年（1869），大分県大鶴村（日田市大肥大鶴町）に造り酒屋「井上酒造」を営む井上清・ひな夫妻の五男として生まれた。

帝大卒業後，日本銀行に入行。日銀では高橋是清の知遇を受け営業局長にまで昇進した。ニューヨークへの転勤を経て横浜正金銀行に招かれ，後に高橋是清の計らいで古巣の日銀の総裁に任命される。日銀総裁時代に起きた昭和金融恐慌の際には高橋是清と共に混乱の収拾にあたった。

第2次山本内閣で大蔵大臣を務めた際は関東大震災の混乱の中でモラトリアムを断行する。経済界でも辣腕を振るい，第二の「渋沢」と称される存在となった。

井上準之助は金本位制への復帰を目指す立憲民政党の濱口雄幸からの依頼で，民政党員でないにもかかわらず濱口内閣の大蔵大臣として入閣した。

1929年迄は，金解禁は「肺病患者にマラソン競争をさせるようなものだ」と述べていたが，大臣としては緊縮財政路線を採用して金解禁を実現させた。

世界恐慌の影響もあり日本経済は昭和恐慌に陥った。濱口雄幸の退陣後に首相となった若槻禮次郎による第2次若槻内閣で再び大蔵大臣となり，金解禁政策をあくまでも堅持した。

井上準之助蔵相が自分の政治生命を守ることに執着した結果，国民や中小企業と農民層が犠牲になったととられ，また，緊縮財政の中で海軍予算の大幅な削減によって，海軍軍令部や右翼の恨みを買い，統帥権干犯問題と血盟団事件を招いた。

蔵相時代の経済の悪化などを理由に血盟団から暗殺の標的にされ，昭和7年（1932）2月9日，選挙の応援演説会場本郷区の駒本小学校へ到着した直後に，小沼正に射殺された。

今日，日田市大津留の実家は井上準之助記念館になっており，井上準之助が最後に着ていた黒いコートが展示されている。コートの背後には幾つかの銃弾の跡と血痕らしきものが残っている。

当時の金本位制度についての「経済理論」と「国民のためと思って実施した経済政策」の結果がこの血痕であるという思いが私の感想である。

付論2　経済理論と経済政策論

昭和恐慌の時代，世界の国際金融決済システムは，「金本制度のルール」で機能していた。日本は日露戦争にかろうじて勝利したものの賠償金を得ることはできず，海外からの多額の借金を残してしまった。

この借金を返済するためには，毎年多額の貿易収支の黒字を稼ぎ出さなくてはならない状態に日本経済は陥っていたのである。貿易収支の黒字のためには為替相場を低い水準に維持する必要がある。しかし，為替相場が低い水準で推移すると海外からの借金の額が為替相場に比例して増大するのである。

当時の日本政府は，貿易収支黒字化のための為替相場切り下げ政策と借金を増大させるための為替相場の切明政策との狭間に陥ってしまっていたのである。

ここで，1929年のニューヨークを震源地とする世界大恐慌が発生し，やがて日本においては，昭和恐慌に陥るのである。

井上準之助大蔵大臣は国民の苦労を知りながらも海外からの巨額の借金を増大させないために，国民に生活水準を抑えながら耐え忍んで借金を返すために金本位制を維持するように考えたのである。

当時，世界が国際金融システムとしてのルールである「金本制度のルール」を世界が守るであろうという期待の下で，対外債務の負担を減らして国民の長期的な負担を減らすための政策が井上準之助大蔵大臣の「金解禁政策」であった。

しかし，世界の先進国は世界恐慌を受けて，この「金本位制度」から離脱したために，日本の対外経済政策は失敗に終わり，日本国民の負担はより一層厳しいものとなったのである。これが昭和恐慌の実態であり，井上準之助大蔵大臣が国民に恨まれる原因ともなったのである。

本来，国民のための経済政策が破綻して，国民の怨嗟の中で井上準之助は暗殺されたのである。

第11章　五・一五事件

昭和4年（1929）の世界恐慌の影響で輸出品の生糸の価格が3分の1になり，コメも半値に暴落した。

重い小作料にあえぐ農村での娘身売りが急増した。この頃，「山東出兵」や「張作霖爆殺事件」に引き続いて軍部が中国東北部（満州）の権益を確保しようとして起こした軍事行動が満州事変であった。

この年には東北地方を凶作が襲った。「満州事変」（1931）の影響もあって，1931年12月，立憲民政党内閣が倒れて政権は立憲政友会に移った。

井上財政から高橋財政へと政策方針が変更されたのである。そして，1932年に五・一五事件が起こったのである。

第1節　五・一五事件勃発

五・一五事件は，昭和7年（1932）5月15日に起きた。武装した陸海軍の青年将校たちが総理大臣官邸に乱入し，第29代内閣総理大臣犬養毅を殺害した反乱事件である。

昭和4年（1929）の世界恐慌に端を発した昭和恐慌により企業倒産が相次ぎ，失業者は増加，農村は貧困に喘いでいる一方で，大財閥などの富裕層は富を奢り，格差が広がっていた。

しかし，政府はこれらの問題に対処できず，国民からは政党政治が敵視されるようになっていた。政治の革新を求める過激な思想を持つ人々の中から時の首相濱口雄幸を暗殺しようとする動き（濱口首相遭難事件）が起こった。

また，昭和維新を標榜して，政党と財閥を倒し軍事政権の樹立を目指す陸軍将校らによるクーデター未遂事件（三月事件，十月事件）が相次いで生じた。

ロンドン海軍軍縮条約を締結した内閣に不満を抱いた一部の将校は，クーデターによる国家改造計画を抱き始める。当初，計画の中心人物だった藤井斉（ひとし）は，陸海軍共同での決起を目指して陸軍将校や民間の井上日召，西田税，大川周明らと連携し計画を練っていた。しかし時期尚早であるとする陸軍将校（後に二・二六事件を起こすメンバーら）とは決裂していた。

軍務による制約があり，憲兵の監視も受けるなどの十分な活動ができない海軍将校らに見切りをつけた井上日召は，民間人だけでの決起を目指す（血盟団事件）など，運動は分裂した。

五・一五事件は，昭和7年（1932）に起きた海軍青年将校を中心としたクーデター事件で，血盟団事件の第二陣として計画されたものであった。

1931年の十月事件失敗後，海軍青年将校は井上日召らと結んでクーデター計画を進めてきた。1932年の血盟団事件で団員が検挙されると，海軍側は上海事変で戦死した藤井斉（ひとし）にかわって，海軍中尉古賀清志，三上卓（たかし）らが中心となって計画を進めた。当初，陸軍側青年将校と協同して決行するつもりであったが，陸軍側は陸相荒木貞夫による合法的国家改造に期待して動かず，結局，海軍側が中心となって決行することになった。

1932年3月末に第一次実行計画をたてた後，チャップリン歓迎会場襲撃計画など計画はしばしば変更されたが，5月13日の第五次計画を実行に移すことになった。右翼の大川周明（神武会），本間憲一郎（紫山塾），頭山秀三（天行会）らが資金や武器の援助を与えた。

5月15日午後5時ごろから古賀ら海軍士官6名，後藤映範ら陸軍士官候補生11名，それに元士官候補生や血盟団残党を加えた総勢19名は，4組に分かれて，首相官邸をはじめ内大臣邸，三菱銀行，日本銀行，政友会本部，警視庁などを襲撃し，犬養毅首相や警備巡査を射殺，巡査ら数名に傷を負わせた。他方，農本主義者橘孝三郎が主宰する愛郷塾の塾生を中心に編成された別働隊は，東京市内6ヶ所の変電所を襲ったが，機械や建物の一部を破壊しただけで首都を暗黒化するという所期の目的は達せられなかった。

また，同日血盟団の残党川崎長光は，陸軍側の決起を妨げた裏切り者として西田税（みつぎ）を襲い重傷を負わせた。彼らの狙いは，一連の暗殺と破壊によって既成支配層に威圧を加え，同時に市中を混乱に陥れて戒厳令を施行させ，軍部中心の内閣をつくって国家改造の端緒を開くことにあり，彼ら自身の具体的政策方針はなかったのである。

《首相官邸襲撃》

5月15日は，日曜日で，犬養首相は来日していたチャップリンとの宴会の予定変更を受け，終日官邸にいた。

三上中尉，黒岩予備少尉，陸軍士官学校本科生の後藤映範，八木春雄，石関栄の5人が表門組，山岸宏海軍中尉，村山海軍少尉，陸軍士官学校本科生の篠原市之助，野村三郎の4人が裏門組としてタクシー2台に分乗して首相官邸に向かった。

午後5時27分頃，正面玄関から官邸に入った。三上は日本館の食堂で犬養首相を発見，直ちに拳銃を首相に向け引き金を引いたが，一発しか装填されていなかった弾を既に撃ってしまっていたため発射されなかった。

三上は首相の誘導で和室の客間に入ると犬養首相は床の間を背にして座り，自分の考えやこれからの日本の在り方などを聞かせようとした。

一同起立のまま首相を取り囲み，山岸が突然「問答無用，撃て，撃て」と叫んだ。その瞬間，黒岩が犬養首相の頭部左側を銃撃，三上も頭部右側を銃撃し，犬養首相に深手を負わせた。9人はタクシー2台に分乗し桜田門の警視庁本部へ向かった。

首相は女中のテルに「呼んで来い，いまの若いモン，話して聞かせることがある」と強い口調で語ったと言う。午後9時過ぎに容態が急変し，午後11時26分死亡した。

第2節　出頭・検挙

第一組・第二組・第三組の計18人は午後6時10分までにそれぞれ麹町の東京憲兵隊本部に駆け込み自首した。一方，警察では1万人を動員して徹夜で東京の警戒にあたった。

6月15日，資金と拳銃を提供したとして大川周明が検挙された。

7月24日，橘孝三郎がハルビンの憲兵隊に自首して逮捕された。

9月18日，拳銃を提供したとして本間憲一郎が検挙された。

11月5日には頭山秀三が検挙された。

事件に関与した海軍軍人は，海軍刑法の反乱罪の容疑で海軍横須賀鎮守府軍法会議において裁判にかけられ，陸軍士官学校本科生は陸軍刑法の反乱罪の容疑で陸軍軍法会議において裁判にかけられた。

民間人は爆発物取締罰則違反・刑法の殺人罪・殺人未遂罪の容疑で東京地方裁判所においてそれぞれ裁かれた。元陸軍士官候補生の池松武志は陸軍刑法の適用を受けないので，東京地方裁判所で裁判を受けた。

起訴までの間に，陸海軍と司法省の間で調整が図られ，陸海軍側は反乱罪を軍人以外にも適用する事を主張したが，司法省の反対により反乱罪の民間人への適用は見送られた。

《東京地方裁判所》

東京地方裁判所は昭和8年（1933）5月11日，予審を終え民間人被告人20名を爆発物取締罰則違反などの罪で起訴し，9月26日に公判が開始され，23回の公判が開かれた。

10月30日に論告・求刑が行われ，橘，長崎に無期懲役，大川ら4名に懲役15年，他の被告に12年から7年の懲役が求刑された。

翌昭和9年（1934）2月3日，判決が言い渡され，橘が無期懲役，大川ら3名が懲役15年，他の被告らが懲役12年から7年となった。首相を射殺した実行犯で首謀者の三上中尉ら軍人が禁錮15年であるのに対し，民間人参加者への判決は相対的に非常に重いものとなっている。

当時の政党政治の腐敗に対する反感から犯人の将校たちに対する助命嘆願運動が巻き起こり，将校たちへの判決は軽いものとなった[59]。

《海軍軍法会議》

海軍軍法会議は昭和8年（1933）5月17日，予審を終えて反乱罪・同予備罪で古賀海軍中尉，三上海軍中尉ら10名を起訴した。三上らは公判において自分たちの主張を国民に訴えかけて広めることにより，公判を通じて国家改革を進める事を獄中で誓い合った。

古賀中尉は自分の思想的背景について述べ，政党政治家や財閥などの特権階級を批判した。

三上中尉は政治家，財閥，高級軍人らを徹底的に批判し，天皇親政による国家改革の必要を説くなど計3日間にわたって公判で自説を展開し注目を集めた。

他の被告人も日本の現状を批判し，犬養首相には個人的恨みはないが国

59　このことが後の二・二六事件を後押ししたと言われ，実際二・二六事件の反乱将校たちは投降後も量刑について非常に楽観視していたことが磯部浅一の獄中日記によって伺える。

家改革のために仕方なく襲撃したことを述べた。

9月11日，論告・求刑が行われた。山本検察官は古賀中尉を反乱罪の首魁とし，三上中尉，黒岩予備少尉も首謀者として3名に死刑を，中村中尉ら3名は同罪で無期禁錮，伊東少尉ら3名は反乱予備罪で禁錮6年，塚野大尉は同罪で禁錮3年とそれぞれ求刑した。

弁護人は被告人らの愛国心を訴えて情状酌量を求めた。検察官の論告文は事件を暴挙として批判し軍人として政治に関与する事を戒める内容であったが，これは被告人らがロンドン海軍軍縮条約への批判を行っていたことから，海軍内の条約賛成派が主導したものであった。

条約反対派からは強い反発が起こり，両派の対立抗争が判決に影響を与えることとなった。

11月9日，判決，古賀，三上に禁錮15年，黒岩に禁錮13年，中村ら3名禁錮10年，伊東ら3名に禁錮2年，塚野に禁錮1年という，求刑に比べて遥かに軽い判決が下された。判決文では事件を重罪に当たるものとしながら，被告人らの憂国の志を褒め称える内容となっていた。

《陸軍軍法会議》

陸軍軍法会議は昭和8年（1933）5月17日，反乱罪・同予備罪で元陸軍士官候補生11名を起訴し，7月25日，公判が開始された。

公判において後藤映範は明治維新の勤皇志士について述べ，五・一五事件を桜田門外の変になぞらえた。篠原市之助は犬養首相には何の恨みもないが支配階級の象徴として仕方なく襲撃したことを述べた。

他の被告人も東北の農村の窮状を涙ながらに訴えて政界・財界の腐敗を糾弾するなど自説を展開し，決起に至った動機が日本の革新であることを主張した。

公判は8回開かれ，8月19日に論告・求刑が行われ，匂坂春平検察官は被告人全員に対し禁錮８年を求刑した。

反乱罪は主導者については全て死刑という重罪であったが，元陸軍士官候補生の被告人らは従属的立場で犯行に関わったのみであるという理由であった。この際，軍人である匂坂検察官が被告人の人間性について褒め称えたりするなど，被告人らに対する陸軍側の擁護的姿勢が見て取れる。９月19日，被告人ら全員に求刑より軽い禁錮４年の判決が下された。

《昭和維新の歌》

次の歌は，海軍のクーデターである五・一五事件の首謀者である海軍中尉三上卓作「昭和維新の歌」の歌詞である。

権門（けんもん）上（かみ）におごれども
国を憂うる誠なく
財閥富を誇れども
社稷（しゃしょく）（国家）を思う心なし

第3節　五・一五事件の余波

戒厳令施行は実現されなかったが，この事件は，次の点で日本のファシズムに大きな影響を与えた。

（1）政党政治の時代に終止符を打ったこと
（2）軍部の発言権を増大させたこと
（3）右翼団体の続出
（4）出版界の右傾化
（5）急進的国家改造運動に対する国民の共感

犯行後，海軍士官や陸軍士官候補生らは東京憲兵隊に自首したが，民間側も11月５日までには全員検挙された。

公判は，昭和8年（1933）7月24日の海軍側を皮切りに開始され，控訴，上告を行った大川，本間，頭山を除いて，昭和9年（1934）年2月3日までには刑が確定した。

一般に民間側に比べて軍人側，とくに陸軍側の刑が軽い特徴があった。また，この間，100万を超える減刑嘆願書が寄せられた[60]。

第4節　五・一五事件と佐賀

五・一五事件と佐賀の関係は決して浅くない。五・一五事件の首魁・首謀者に佐賀人が居たのである。佐賀の風土というべき『葉隠れ』・国学者枝吉神陽の『義祭同盟』などの思想を背景とした知識の実践の場としての政治的信条が佐賀人の心の中に育っていたのであろうか。

《古賀清志》

長崎県佐世保市生まれ，佐賀県佐賀市で育つ。佐賀中学を経て，1928年，海軍兵学校（56期）卒業。昭和6年（1931）12月，霞ケ浦海軍飛行学生，海軍中尉。昭和7年（1932）五・一五事件では牧野伸顕邸や警視庁を襲撃。事件後，横須賀鎮守府軍法会議で反乱幇助罪に問われ，禁錮15年の刑を受け失官。小菅刑務所に服役。服役中に紀元節，憲法発布五十周年祝典の恩赦を受けて減刑，昭和13年（1938）7月4日海軍の事件関係者三上卓，黒岩勇とともに仮釈放。

《三上卓》

佐賀県佐賀郡本庄村（佐賀市本庄町）出身。父は北鮮日日新聞社長の三上

60　安部博純著，『『現代史資料4・5　国家主義運動1・2』（1963，64・みすず書房）』▽『『日本政治裁判史録　昭和・前』（1970・第一法規出版）』

新。佐賀中学校（佐賀西高等学校）を経て，大正15年（1926）3月，海軍兵学校卒業（54期）。

昭和5年（1930），『青年日本の歌』（昭和維新の歌）作詞。

昭和7年（1932）5月，五・一五事件で犬養毅首相を襲撃。

昭和8年（1933），海軍横須賀鎮守府軍法会議において反乱罪で死刑を求刑されるが，同罪で禁錮15年の判決を受け，小菅刑務所に服役。

昭和13年（1938）7月4日，紀元節，憲法発布50年祝典の恩赦による減刑を重ねて4年9ヶ月で仮出所。直後に海軍省の山本五十六次官に面会。

付　論　九州と津軽

青森中央学院大学の花田勝美学長に「太宰治の『津軽』を調べています」と話したら，「深浦に行きましたか?」と聞かれた。「未だ，行っていません」と答えたら，「是非，行ってください。そして，深浦とはどのような街であるかの印象を教えてください」と言われた。翌日，レンタカーを借りて，深浦に出かけた。

深浦は江戸時代の津軽藩の四浦の一つであり，北前船交易の寄港地であった。深浦は津軽藩の国境を監視する代官町であった。

太宰治の小説『津軽』に登場する「旧秋田屋旅館」を改装した「ふかうら文学館」がある。太宰治本人をはじめ，成田千空等深浦に所縁の文人たちの資料が展示されている。

町役場の前に博物館があった。中には明治時代の民具，家具，調度品などが展示されており，ご当地の排出者の書や画等が展示されている。その館内に花田学長のお父様の遺品が展示されていた。花田学長は深浦出身者で，弘前大学医学部皮膚科教授であり，弘前大学病院長を歴任して青森中央学院大学に招聘されていたことが分かった。

深浦の「風待ち館」に入った。館内には北前船の模型や古い海路図などが展示されており，北前船の荷や航路などの当時の様子を詳しく見ることができた。

二階には北前船が運んだ荷物の数々が展示されていた。高級な有田焼の大皿が何枚も展示されていた。

館のスタッフに「高級な有田焼の大皿が何枚も展示されていますね」と話しかけたら「へぇー，そうなのですか?」と全然気にもしていなかったようであった。

「この深浦の街にはどのような民謡がありますか?」と聞いたら。館内の皆さんが一堂首をかしげて，「民謡?……，深浦の民謡?……，ないよネー……」という返事であった。

深浦は代官町なので，船乗りたちが夜な夜な酒を飲んで暴れるという雰囲気は禁止されていたようなのである。深浦では他の津軽地域の街とは異なって，多分，深浦独特の民謡は歌われなかったのである。

どことなく，花田勝美学長の人柄を彷彿とさせる，品の良い，おとなしい，しかし，力強い，質実剛健な街なのである。

「昭和恐慌の時代」の貧困の中で生きてきた東北人たちの芯の強さを感じさせる代表的な街が深浦である。

青森市内での講演の際に，津軽の人たちからの質問があった。「九州の人たちは，東京に対して問題意識を持ち，疑問を投げかけ，政策問題を追及する。凄いですよね。」と。

私は，次のように答えた。「何故，東北の人たちは東京政府に問題意識を持たないのでしょうか?」と。

これが，五・一五事件，二・二六事件の首謀者に佐賀人が多かった理由なのかもしれない（もちろん，東北出身の将校も居たのである）。

第12章　昭和恐慌と二・二六事件

昭和4年（1929）に米国に端を発した世界恐慌が日本に波及した。昭和恐慌である。

世界恐慌の影響は民政党濱口雄幸内閣のもとで慢性的不況からの脱出をはかり，金解禁を断行しつつあった日本経済を直撃した。

生糸の価格は暴落し，農産物価格が暴落し，企業の休業や倒産が起こり，失業者の増大と，不景気は深刻の度を増した。

第1節　正貨（金）の流出とともに不況への突入

第一次世界大戦後から昭和初期にかけて，戦後・震災・金融と3度にわたる恐慌を経験した日本経済は，経済回復の間もなく世界大恐慌に直面することとなったのである。しかも，当時は濱口内閣による金解禁と緊縮政策が進められていた時代であった。

正貨（金）の流出とともに不況はその深刻の度合いを増し，ことに農村は対米輸出品であった生糸価格の暴落や米価やその他の農産物価格の激落によって農業恐慌の状況になった。

《高橋是清》

昭和6年（1931）に柳条湖の鉄道爆破事件を契機に満州事変が始まり，不拡大方針に失敗して民政党若槻礼次郎内閣が退陣すると，代わって政友会の犬養毅内閣が登場した。

蔵相に起用された高橋是清は，前蔵相の井上準之助の金解禁緊縮政策を廃し，一転して積極財政を採用したために不況感は払拭された。加えて政府が採用した土木事業などを主とする時局匡救（きょうきゅう）事業の推進や農山漁村経済更正樹立町村の指定，また軍需産業の発展を背景とした労働力需要の増大により，景気も次第に上向きとなり，昭和8年から10年にかけて重化学工業が復興し，日中戦争勃発前後には農村も窮状を脱するようになったのである。

第2節　二・二六事件

大凶作があった昭和9年（1934）には，借金を抱える農家が娘を芸娼妓（げいしょうぎ）に売るなどの悲惨な問題が生じた。そして，昭和11年（1936）に二・二六事件が起こった。

《「尊王討奸」の二・二六事件》

当時の国内経済事情は，都市部と地方との経済格差が大きくなった時代であった。都市部は教育や産業が発達し，生活レベルが文化的に発展していた。一方，地方の農村部は身売りや間引きなどが横行し，ガスや上下水道の設備も整っていないほどの生活が続いていた。

日本陸軍は地方の貧しい農家出身者が多かったこともあって，このひどい貧富の差に対して矛盾を感じるものが増えており，「これらの経済悪化の原因は政治にある」と考えたのである。

「天皇のもとで平等な社会を実現すべきだ」という考え方を中心として，「天皇をそそのかして私利私欲を目指す政治をしようとする人間を討伐しなければならない」という思いが青年将校たちの中に生まれたのである。

第3節　二・二六事件勃発

陸軍の青年将校たちを筆頭に約1,500人もの反乱部隊が東京でクーデターを試みた。

首相官邸や朝日新聞社などを襲い，陸軍省，参謀本部，警視庁などを占拠した。当時の首相である岡田啓介と間違われた義弟で海軍大佐の松尾伝蔵，大蔵大臣の高橋是清，内大臣の斎藤真，教育総監の渡辺錠太郎たち9人を暗殺した。

翌日27日に戒厳令が公示されたのち，反乱が鎮圧されたのは事件3日目の28日であった。

事件の責任を取って岡田総理は辞職，皇道派の青年将校たちは処刑され，二・二六事件は幕を閉じた。

青年将校のこの決起に理解を示した元将校で歌人の斉藤瀏の娘の史は，次のような和歌に託している。

暴力のかく美しき世に住みて
　ひねもすうたふ　我が子守歌

《二・二六事件と佐賀県》

二・二六事件の首魁5人の内2人，香田清貞陸軍歩兵大尉（佐賀県小城郡三日月村）と栗原安秀陸軍歩兵中尉（佐賀県）が佐賀出身者である。また，群衆指揮等として裁かれた，歩兵中尉中橋基明（佐賀県）近衛歩兵第3連隊附（第7中隊）と工兵少尉 中島莞爾（佐賀県）鉄道第2連隊附（陸軍砲工学校分遣）も佐賀出身者である。彼らは，蔵相高橋是清を殺害し，次に栗原安秀らと東京朝日新聞社をおそい新聞発行を止めた。

銃殺刑に処された小城市出身の香田清貞元陸軍大尉は，歩兵大尉野中四郎（歩兵第3連隊第7中隊長）と航空兵大尉河野壽（所沢陸軍飛行学校操縦科学生）が自決した後，2.26事件の首魁として連座した。7月12日の銃殺刑執行当日に書いた彼の絶筆がある。

「幽魂永へに留まりて君国を守護す」（死してなお永遠にこの地に留まって皇国を守る）

「尊王討奸」の二・二六事件が起きるきっかけとなった思想である。この思いを深くしたのが佐賀出身の青年将校たちに多かったのは偶然ではない。

二・二六事件の青年将校たちにとって，大凶作によって借金を抱える農家が娘を芸娼妓に売るなどの悲惨な問題は，当時の日本政府が直面していた安定した満州建国や朝鮮併合による過大な財政負担よりも優先されるべき内政問題であったはずなのであった。

たとえ凶作がおきても，二期作や二毛作での収穫を待ち，その間は山で収穫をして，前海（有明海）と後ろ海（玄界灘）で飢えを凌ぐことができる佐賀人にとって，凶作の為に借金を抱える農家が娘を芸娼妓に売るなどの悲惨な事件が起こることなどは許しがたき「私利私欲を目指す政治を鬼畜」の行いの結果であると考えたのである。

付　論　皇道派と佐賀人

皇道派は，「君側の奸」（政財界）を排除して天皇親政による国家改造を説いた。陸軍には荒木貞夫と真崎甚三郎を頭首とする「皇道派」があった。皇道派に対立する派閥として「統制派」があるとされるが，統制派の中心人物であった永田鉄山によれば，「統制派なる派閥は存在しなかった」と主張している。

軍中央を押さえた統制派に対して，皇道派は若手将校による過激な暴発事件（相沢事件や二・二六事件など）を引き起こして衰退していった。

《真崎甚三郎》

真崎甚三郎は，明治9年（1876），中農の真崎要七の長男として佐賀県に生まれた。佐賀中学（県立佐賀西高等学校）を1895年12月に卒業後，士官候補生を経て1896年9月に陸軍士官学校に入学した。

昭和7年（1932）1月，犬養内閣の陸軍大臣荒木貞夫の計らいで参謀次長に就任した。皇族の閑院宮載仁親王が参謀総長であり，慣例にしたがって真崎が参謀本部を取り仕切った。この頃から荒木とともに国家革新を図る皇道派が形成された。派閥の勢力伸張を図り，大尉クラスの青年将校を中心に信望を担ったが，党派的な行動が反発を買い統制派との対立が発生した。

真崎甚三郎は，満州事変の原因を「軍部幕僚が，理想の国家を満州に作り，その成果を日本に及ぼして日本改造するために引き起こしたもの」と見なしていた。真崎甚三郎は，事変不拡大を基本方針として収拾にあたった。

統制派は総動員体制の構築・北支進出を狙っていたが，皇道派は満洲国の安定と「皇道精神」に基づく体制構築・対中関係安定・対列強関係修復を目指していた。

第 13 章　農業県佐賀の貢献

第1節　成富兵庫茂安と佐賀の治水

江戸時代を通して，佐賀藩には百姓一揆の記録はないといわれている。

享保の飢饉（享保17年；1732）では，人口のほぼ二割に相当する8万人が餓死したといわれている。

「萬代不易（まんだいふえき）の掟を致し置きぬ」と，“領分の儀”一切を任された成富兵庫茂安の業績の最大のものが，佐賀藩領内の治水である。

水利の掟を破れば，自分の村はおろか，佐賀平野全体が滅亡の危機に瀕する。村落の生死を背負った厳格な“慣習＝秩序”が，成富兵庫の時代に形成されたのである。

成富兵庫の業績とは，少ない水を佐賀平野全体で薄く広く分け合い，溢れる洪水を平野全体で協力して排除するシステム（水と耕地の利用）の構築であった。

自然との共生の中で育まれた秩序と法を尊ぶ佐賀平野の気質が形成されたのは，この「水土の知」を通じた佐賀の「風土」てある。

『葉隠』が説く武士道論は，この成富兵庫の活躍の時代である。

幕末の江藤新平や佐野常民の業績の背景に佐賀平野の自然と成富兵庫の業績があるのである。

近代司法制度の創始者である江藤新平は，当時，立法の知識では群を抜いており，改定律令を制定し，フランス法を訳した「民法草案」等の編集事業を推進している。

西南戦争において敵味方の差別なく治療し，後の日本赤十字社を創った佐野常民も佐賀人である。

《成富兵庫茂安》

成富茂安は，永禄3年（1560），龍造寺氏の家臣成富信種（のぶたね）の次男として，現在の佐賀県佐賀市鍋島町増田に生まれた。

元亀元年（1570）の今山の戦いの際には，まだ11歳であったため，出陣の許可が出なかった。納得がいかなかった茂安は独断で戦場に赴き，物見を行ったという。この行いが主君龍蔵寺隆信の目に留まり，それ以来小姓として側近くに仕えるようになる。元服すると隆信より一字を賜り「信安」と名乗った。

天正4年（1576），隆信が肥前有馬氏と戦うべく藤津へ進軍した際に，父共々同行し初陣を迎える。

天正7年（1579），隆信にその勇猛果敢な戦いぶりを認められ，「一月で十度の武功を立てた」という事にちなんで，十右衛門の名を与えられる。

天正12年（1584），島原の沖田畷の戦いで隆信が戦死すると，その跡継ぎの龍造寺政家に仕える。信安から賢種（ともたね）[61]に改名する。

天正14年（1586），政家の名代として安芸国において小早川隆景に，大坂城において豊臣秀吉に謁見する。

天正15年（1587），豊臣秀吉の九州平定の際には龍造寺軍に属して出陣する。その戦いぶりから秀吉を始めとする諸将から一目置かれるようになる。

同年，天草の戦いに出陣し，加藤清正，小西行長を援護した功により，

61　政家が鎮賢（しげとも）と名乗っていた頃に「賢」の字を与えられて名乗ったものである。

清正から甲冑を賜る。その後は，豊臣氏との外交を担うなど，次第に家中で重きを成すようになる。

文禄元年（1592）の文禄の役，慶長２年（1597）の慶長の役では，龍造寺軍の先鋒を務める[62]。この頃から龍造寺氏筆頭家老の鍋島直茂に仕えるようになる。諱は，初名の信安から賢種を経て，茂種，そして茂安と名乗ることとなる。

慶長５年（1600），関ヶ原の戦いの際には，伏見城の戦い，安濃津城の戦いに出陣する。その後，鍋島直茂・勝茂親子が西軍から東軍に寝返ったのに従い，筑後国柳川城，久留米城を攻め落とす。この時，直茂に命じられて柳川城主である立花宗茂に降伏を勧めるために折衝役を務めた。

《領内全域の治水事業》

関ヶ原の戦いの後，成富兵庫茂安は知行高を4,000石に加増される。

慶長８年（1603），江戸幕府が開かれると，江戸の町の修復や水路の整備を行う。この頃，山城国二条城，駿河国駿府城，尾張国名古屋城，肥後国熊本城等の築城にも参加，この経験を肥前国佐賀城の修復に生かした。

慶長19年（1614），大坂の陣に出陣した。

慶長15年（1610）から没するまで，水害の防止，新田開発，筑後川の堤防工事，灌漑事業，上水道の建設など，本格的な内政事業を行っている。

成富茂安の佐賀平野での事績は，100ヶ所を超えるともいわれ，300年以上たった現在でも稼働しているものもある。民衆や百姓の要望に耳を貸す姿勢は，『葉隠』に紹介されており，影響を与えた。

62　肥後国の領主になった加藤清正は，当時2,000石の侍大将だった茂安を１万石で召抱えようとしたが，茂安は「たとえ肥後一国を賜るとも応じがたく候」と応え断った。加藤清正はその忠義に感涙したといわれる。

元和4年（1618），主君勝茂の八男翁介（直弘）を養子にする。寛永10年（1633），知行1,000石を直弘に割いて一家を立てさせる。

寛永11年（1634），数え年75歳で死去。家臣7人が殉死したという。

《佐賀平野の功労者成富兵庫茂安》

成富兵庫茂安は，肥前佐賀藩が明治時代まで続く基礎を作り上げた功労者である。みやき町の白石神社には水の神として祭られている。子孫に陸軍歩兵学校教官で，愛新覚羅溥傑の上官であった成富政一陸軍大佐（養子・安利の子孫）がいる。

《治水の神様成富兵庫茂安》

茂安はそれぞれの治水工事を単独に行うのではなく，中小河川やクリーク，江湖等を巧妙に結び付け，平野全体で治水，利水，排水を処理するというシステムを構築している。

このシステムは，どこか一部で不具合が起こると佐賀平野全体の水利に影響が出るため，佐賀平野では水利に手を掛ける事は一種のタブーとなった。このため，江戸期を通じて佐賀藩では水争いや百姓一揆による暴動がほとんど起こらなかったのである。

彼の業績には以下のようなものが残っている。

嘉瀬川本流を堰止める石井樋の大井出堰。嘉瀬川，多布施川の分流
千栗堤防，蛤水道－筑後川
横落水路－城原川
中原水道－綾部川
羽佐間水道－多久川
三方潟の大日堰－六角川
佐賀江の改修

馬頭サイフォン

野越－江戸時代前期に藩内の城原川や嘉瀬川などの上流側に築いた堤防

《北茂安村・南茂安村》

佐賀市兵庫町（旧佐賀郡兵庫村）は，成富兵庫茂安の名に因んでいる。また，かつて佐賀県三養基郡内には北茂安村・南茂安村（現在の三養基郡みやき町の一部）があった。これらも茂安の名に因んだものである。

第2節　第一佐賀段階・第二佐賀段階

次頁の図13.1は，明治36～40年から昭和にかけての佐賀平野の米の反収（一反当たりの収穫量）の推移を示した図である。

佐賀平野においては，1反240 kgの水準から320 kg台に上昇している。これは，近代的な技術体系を持つ明治農法，すなわち，多肥多収性品種の普及，金肥の増投，集約栽培法，乾田化と耕地整備事業などによってもたらされたものである。

昭和10年前後，反収は400 kg台にまで上昇している。昭和8～10年にかけては，全国一の収量を上げるなど，佐賀の農業は，「佐賀段階」と呼ばれて全国の農村の指標となった（図13.1参照）。

この契機となったのは，全国的に普及した耕地整理（ほ場整備事業）と，踏み車による揚水という重労働から開放された“電気灌漑”であった。

戦時中は，国土の放任により農地は荒廃していった。佐賀平野の生存基盤は，ほとんどが水田による水体系で構築されたものである。

昭和20～29年にかけて連続して大きな被害が発生した。特に24年の大災害は流失埋没冠水田2.6万 ha。26年は梅雨時の集中豪雨と盛夏期の大旱魃。さらに28年の洪水は，死者行方不明520名という大惨事を引き

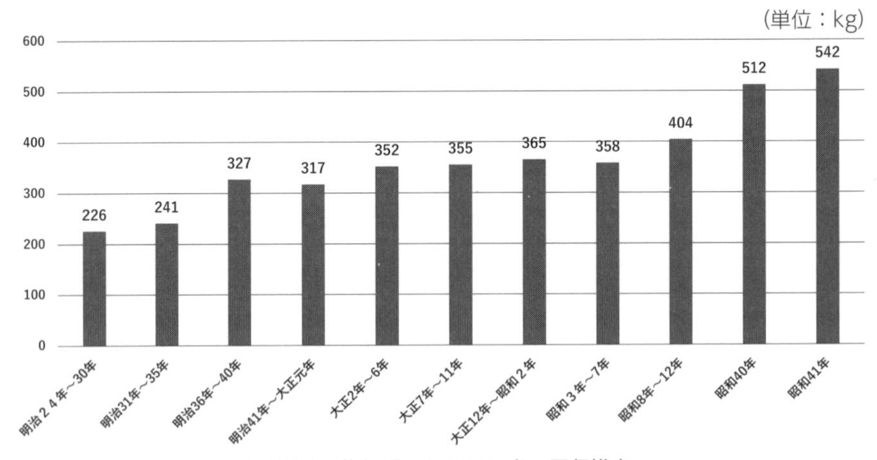

図13.1　佐賀平野における米の反収推定

（資料：『佐賀県土地改良史』）

起こしたのである。

戦後の経済復興期を迎え，食糧増産政策をきっかけに，佐賀平野においても，国営嘉瀬川農業水利事業が着工されることとなった。

この事業は，嘉瀬川の上流北山に，有効貯水量2,200万m^3の北山ダムを建設し，発電所を設けるとともに，佐賀平野1.1万haの水田を灌漑するというものである。この北山ダムは昭和32年に完成した。

併せて，嘉瀬川下流の14ヶ所の取入れ口を統合する川上頭首工も建設され，国・県営事業により，佐賀市，佐賀郡，小城郡の1市9町の近代的水路網が完備した。

「新佐賀段階」を目指し，停滞していた稲作の技術改善に乗り出した。海外の農法などを取入れながら研究を重ね，遂に昭和40年には反収512kg，41年には542kgという収穫量の増加が実現し，2年続けて日本一の反収を獲得したのである。これは「第二佐賀段階」といわれる。

このようにして，佐賀平野の稲作は「第一佐賀段階」においては，戦時中においては軍隊の食糧を供給し，「第二佐賀段階」においては，高度経済成長期の労働者の食糧を支えたのである。

付論1　21世紀の食料政策・食糧安保と佐賀

今日，世界では8億2,800万人の人びとが飢餓に苦しんでおり，2022年は過去最高となる3億4,900万人が急性の食料不安に直面している。

このような世界情勢を背景に，国際社会ではSDGsにおいて「2030年までに飢餓と栄養不良をなくす」と約束している。

日本はこれまでの減反政策[63]を見直しているものの，米・麦などの食料生産量を増加させるための農業政策の見直しまでは行われていないのが現状である。その理由は米の増産による米価の暴落をもたらし，農家を「豊作貧乏」の状態に導くという危惧である。

一方では，日本の農家は，農薬・肥料・飼料を海外からの輸入に依存しているのである。

これらの諸問題を同時に解決する方法が以下の提案である。

日本の国際援助の半分以上は，国際機関向けの間接的な贈与であり，外貨による金銭的な援助である。二国間協定による実物供与の援助は少なく，他の先進国と比較して「日本の顔が見えない援助」が多いのが実態である。

日本の食料自給率を改善させながら，余剰の農作物（米・麦等）を実物供与として国際援助の在り方を見直すことによって，日本の食糧自給率を上昇させ，農家の所得を増加させることができるのである。

米価暴落を防ぐために過剰となる稲を政府が買い上げ海外援助の一部と

63　日本では昭和40年代に米の生産が過剰となり，昭和45年から米の生産調整が始まり，水田の休耕田が増加している。稲の生産拡大が稲の価格下落を恐れての政策であった。

して実物供与すること。その資金は政府間食糧援助資金（外貨）を利用して，農家の海外からの輸入肥料・農薬・飼料の支払代金（外貨）に充てることによって，農家の所得は増加し，日本の食糧自給率も上昇するのである。

以上のことは，二毛作による麦生産に関しても言えることである。

付論2　佐賀の空襲と有明海

有明海は約6メートルという日本一の干満差があり，神話の「海彦山彦」に出てくる「（潮）干珠・（潮）満珠」のもとになったという説もある。

この壮大かつ一見，不思議な自然現象が第二次世界大戦中の佐賀の空襲において予想外の結果を生じさせたという話を佐賀経済調査協会（元佐賀県副知事）の宮崎善吾（故人）さんに，伺ったことがある。

宮崎さんによると，「米軍はまず，昼間に爆撃対象地域を調査し，海岸線から何キロに佐賀市内があるかを測量して帰る。しかし，空襲の時間は夜中でしかも当時有明海は引き潮だった。引き潮により海岸線が大きく南に下がっていたため，諸富，北川副，大崎地区の田園地帯の被害が大きくなってしまった。」とのことであった。

佐賀空襲については住喜重著『中小都市空襲』によると「米軍の第58航空団麾下の2軍団68機が1945年8月5日の午後11時41分から6日午前0時43分までの1時間に，459トンの高性能爆弾，焼夷弾を投下したが，闇に隠れた佐賀は燃えず佐賀の消失面積は0であった。

レーダー・スコープ上の佐賀市の映像は弱く，灯火管制も万全であったので，結局佐賀市の南の田圃に全弾を投下，農家や鎮守の杜を焼いただけで終わった。」とある。

佐賀市のHPでは，焼夷弾によって多くの家屋が焼け，命を落とされた方は61名と記されている。特に国道208号線沿いの諸富，北川副，大崎地区は酷く，「堀という堀には村人たちが首まで水につかって，頭には水草をのせて空襲の終わるのをまっていた」と記されている。

なぜ佐賀市の被害が少なかったのかについては諸説あるが，宮崎さんが話してくれた有明海の干満差がもたらした結果も大きな一因であるだろう。

むすびにかえて

―佐賀県と明治150年―

平成30年（2018）は，明治150年にあたる年であった。その前年の秋ころ佐賀県庁のある人から「佐賀県の明治150年の記念として何を企画したらよいと思うか」という質問があった。

江藤新平と島義勇の「裁判のやり直しが良いと思う」と答えた，その場で却下された。

江藤新平の明治維新での司法卿としての日本の法制度への貢献，そして，島義勇の北海道開拓における貢献を再評価して，佐賀の乱における彼らの立場の再評価を考え直す時期であるという私の思いは今も変わらない。

鍋島直正公の藩政改革以来の佐賀藩がそれ以降の日本経済と日本の産業，そして日本の政治史に果たした役割は十分に再評価されるべき貢献なのである。

有田焼や伊万里大川内の鍋島藩窯の窯の技術が佐賀藩の近代化，そして，日本の近代化に果たした役割をも十分に再認識するべき時期なのである。

高島秋帆の弟子で武雄鍋島支藩の平山醇左衛門のカノン砲製造の歴史や秀島藤之助のアームストロング砲の魔改造の歴史，そして，絡繰り義衛門の蒸気機関などの貢献を再認識することによって，佐賀県と佐賀人のこれからの可能性を感じ取れるのである。

「佐賀には何もない」という漠然とした思いが佐賀人の課題なのである。

コロナ・パンデミックやウクライナ紛争という混乱の21世紀に入って，日本の行き先が混迷の中にある今こそ，日本経済の歴史を見直し，その最先端を歩いていた幕末・明治の佐賀藩の歴史を見直すことが佐賀人にとっても，日本人にとっても重要な時期であると考えるからである。

「探してみませんか？ 佐賀県？ と佐賀の歴史」が著者たちの佐賀人へのメッセージである。

2024年

久留米大学　名誉教授　大矢野 栄次
長崎県立大学　教授　　矢野 生子

（著者紹介）
大矢野 栄次（おおやのえいじ）
久留米大学名誉教授
矢野 生子（やのいくこ）
長崎県立大学教授

佐賀の歴史・近現代史編
— Sagan History III —

2025年3月30日　初版発行

編　者　佐賀低平地研究会地方創生部会
著　者　大矢野栄次・矢野生子
発行者　長谷　雅春
発行所　株式会社五絃舎
〒173-0025　東京都板橋区熊野町46-7-402
電話・FAX: 03-3957-5587

組版：Studio Mo
印刷：モリモト印刷
Printed in Japan
ISBN978-4-86434-191-2